SIN HORARIOS

Cali Ressler–Jody Thompson

Sin horarios

Una forma distinta de trabajar basada únicamente en resultados

EMPRESA ACTIVA

Argentina - Chile - Colombia - España
Estados Unidos - México - Uruguay - Venezuela

Título original: *Why Work Sucks and How to Fix It*
Editor original: Portfolio, New York
Traducción: María Eugenia Villegas Lamberti

© 2008 *by* Thompson & Ressler, LLC
   All Rights Reserved
   This translation published by arrangement with Portfolio
© de la traducción 2009 *by* María Eugenia Villegas Lamberti
© 2009 *by* Ediciones Urano, S.A.
   Aribau, 142, pral. – 08036 Barcelona
   www.empresaactiva.com
   www.edicionesurano.com

ISBN: 978-84-92452-15-6
Depósito legal: B-646-2009

Fotocomposición: A.P.G. Estudi Gràfic, S.L. - Torrent de l'Olla, 16-18, 1º 3ª - 08012 Barcelona
Impreso por Romanyà Valls, S.A. – Verdaguer, 1
   08786 Capellades (Barcelona)

Impreso en España - *Printed in Spain*

*A las personas que trabajan
y saben que hay una mejor manera de hacerlo.*

Índice

Prólogo

El éxito, particularmente en los negocios, llega cuando uno puede creer en las personas, no sólo en aquellas con títulos importantes, sino en todas las que tienen una perspectiva original, pasión, talento y conocimiento. Cali y Jody han hecho algo maravilloso. Me gusta porque ésta no es una iniciativa impuesta desde arriba, sino el resultado de su propio discernimiento sobre lo que es mejor para la empresa.

Siempre he estado convencido de que las mejores ideas provienen de aquellos que están más cerca de los clientes que, en este caso, son nuestros propios empleados. Cali y Jody hicieron algo admirable porque les dieron a los empleados de Best Buy no lo que ellos *pensaban* que necesitaban para tener éxito en sus empleos, sino lo que *realmente* necesitaban para lograrlo, aun cuando eso condujo a la organización en una dirección que nadie podría haber imaginado.

Otro aspecto que me impresiona del Trabajo Orientado Exclusivamente por Resultados (ROWE: Results-Only Work Environment) son las perspectivas que abre. La verdadera innovación siempre proviene de los retos y del cambio y, más importante aún, de las grandes oportunidades para aprender. En esencia, el ROWE es una oportunidad para que *todos* aprendan una mejor manera de trabajar. En esta idea no hay ninguna fantasía estrambótica y no hay ningún motivo para pensar que no se puede aplicar en todas partes. El método permite a las personas hacer aquello en lo que son eficientes, en

11

lugar de aquello en lo que uno cree que son eficientes. Alienta a las personas a *contribuir*, no sólo a presentarse y hacer rutinariamente su tarea.

Conforme más personas adopten esta idea, más tendrán que admitir que el trabajo es un esfuerzo humano. En lugar de eludir ese hecho, acéptelo. Celébrelo. En lugar de proteger a su organización de ideas como el ROWE, aprovéchelas. Aproveche esa oportunidad para aprender.

La tendencia en las compañías prósperas es hacerlas más humanas, no menos humanas. No hace mucho tiempo que Best Buy era una cadena regional de productos electrónicos. Ahora somos una compañía global con 140.000 empleados. Esto no lo hemos logrado sólo por lo que vendemos, sino porque hemos creado una cultura evidentemente humana que permite a los empleados pasárselo bien mientras trabajan con empeño, que les deja ser ellos mismos y adquirir la confianza necesaria para hacer su tarea. El ROWE concuerda perfectamente con estos ideales.

También hemos adoptado este nuevo modo de trabajar en Best Buy porque es beneficioso para la empresa. Los empleados comprometidos son más productivos, más innovadores y más responsables. Todo esto remite a la idea de liberar las fuerzas y talentos naturales de su personal. Estoy ansioso de ver hasta dónde puede llegar el método ROWE cuando más líderes empresariales comprendan que las buenas intenciones no son suficientes para promover la felicidad y el desarrollo de sus empleados. Nuestro personal es lo que más importa.

Brad Anderson, consejero delegado de Best Buy

Introducción

Ya estamos hartos... ¿Lo está usted?

Este libro se basa en una simple idea: nuestras creencias acerca del trabajo —40 horas semanales, de lunes a viernes, de ocho de la mañana a cinco de la tarde*— son anticuadas, obsoletas e inaplicables. Cada día las personas van a trabajar y pierden su tiempo, el tiempo de la compañía y de sus vidas en un sistema basado en suposiciones sobre cómo llevar a cabo la tarea y cómo presentarla que no se aplican a la economía global actual en constante actividad (las 24 horas del día durante los 7 días de la semana).

Vamos a trabajar, damos todo lo que tenemos y somos tratados como niños que, si no son vigilados, robarán las golosinas.

Vamos a trabajar y vemos que alguien que no es muy eficiente en su tarea es ascendido, porque llega más temprano y se queda hasta más tarde que todos los demás.

Vamos a trabajar y asistimos a reuniones interminables con demasiado personal para conversar sobre la próxima reunión interminable con demasiado personal.

* El autor se refiere, obviamente, al horario de trabajo más extendido en Estados Unidos. Es sabido que en otros países rigen horarios distintos al norteamericano para acomodar las ocho horas de trabajo diarias en la semana laboral de cinco días. *(N. del T.)*

Vemos a personas talentosas, competentes y productivas que son injustamente tratadas por tener hijos pequeños, por su falta de destreza en la política organizacional o por ser un poco diferentes.

Vamos a trabajar en la Era de la Información, pero las características del entorno de trabajo no han cambiado fundamentalmente desde la Era Industrial.

Pero lo más trágico es que aceptamos las reglas del juego. Las aceptamos aunque sabemos, en lo más recóndito de nuestro corazón, que ese juego no tiene ningún sentido.

¿Por qué piensa que la noche del domingo es espantosa? Eso quiere decir que su modo de trabajar no es saludable. No obstante, eso no significa que tenga que vivir de esa manera. El entorno de trabajo moderno afecta física y mentalmente a las personas, socava los vínculos familiares y consume una energía y tiempo valiosos. Todos sabemos que el trabajo agobia y, sin embargo, no hacemos nada para corregirlo. Si la naturaleza deprimente del trabajo no fuera la norma; si nuestras suposiciones y expectativas acerca del trabajo no estuvieran tan arraigadas; si, por ejemplo, el trabajo fuera un tipo de enfermedad nueva que aparece repentinamente y cuesta miles de millones de dólares a las empresas y arruina la vida de las personas, usted podría estar seguro de que emplearíamos todos nuestros recursos colectivos para encontrar una cura.

Entonces, ¿por qué no cambia la situación?

Quizá porque suponemos que el trabajo tiene que ser pesado y monótono. (Si fuera divertido, sería un juego, ¿no es cierto?)

Quizá porque hemos llegado a creer que el trabajo es, por definición, improductivo e injusto.

Quizá porque nadie ha propuesto una alternativa razonable y eficaz.

En todas partes hay soluciones que no resuelven nada.

La solución no es el horario laboral flexible. El horario flexible no es algo serio.

Tampoco es el equilibrio trabajo-vida personal. Bajo el sistema actual, este equilibrio es imposible.

La respuesta no es estar mejor organizado, ni eliminar las reuniones de los miércoles, ni poner el despertador quince minutos antes para evitar el ajetreo matinal, ni pasar un sábado preparando todos sus almuerzos del mes.

No hay sugerencias, ni trucos, ni consejos útiles que sirvan para resolver este problema.

No hay ninguna respuesta en el manual del empleado.

La única solución es cambiar completamente las reglas del juego.

Estamos iniciando un movimiento que cambiará el modo de hacer muchas cosas en todo el mundo. No ofrecemos una nueva manera de trabajar, sino un nuevo modo de vivir. Este nuevo estilo de vida se basa en la idea radical de que usted es adulto. Además, se basa en la idea radical de que, aun cuando usted haga su mejor contribución a la compañía, no está obligado a dedicarle su tiempo o su vida. Esta nueva manera de vivir es práctica y simple (aunque no necesariamente fácil) y, si bien es un cambio general de nuestra vida actual, sólo requiere una adaptación básica en su pensamiento.

Estamos hablando del Trabajo Orientado Exclusivamente por Resultados o ROWE[SM].

En un entorno de trabajo semejante, las personas pueden hacer lo que desean, cada vez que lo desean, siempre y cuando la tarea que tienen encargada se lleve a cabo. Muchas compañías dicen que su personal puede trabajar desde su casa (el teletrabajo) o con un horario flexible. Pero, a menudo, estos acuerdos todavía incluyen determinadas horas del día, o pueden ser anulados si las necesidades de la empresa cambian, o son mezquinamente distribuidos como un beneficio para unos pocos privilegiados. En un ROWE, uno puede *hacer* literalmente lo que desea, cada vez que lo desea, mientras lleve a cabo su tarea. Usted tiene un control absoluto de su vida, siempre y cuando complete su tarea.

Puede ir de compras al supermercado a las diez de la mañana de un martes. Puede echarse una siesta a las dos de la tarde de un miércoles. Puede ir al cine a la una de la tarde de un jueves. Y no tiene que pedirle permiso a nadie, ni decir a nadie adónde irá. Simplemente, lo hace. Siempre y cuando complete su trabajo —si consigue los *resultados* esperados—, usted controla su propia vida.

Será remunerado por la cantidad de trabajo, no por un espacio de tiempo.

Admitimos que esto puede parecer demasiado bueno para ser cierto. Este tipo de libertad, control y confianza suena como los mitos del arco iris y el unicornio. Pero esta idea no surgió de repente. Los orígenes del ROWE, Trabajo Orientado Exclusivamente por Resultados, se remontan a 2001, cuando un líder en las oficinas centrales de Best Buy estaba buscando ayuda para hacer de la compañía un Empleador Selecto. La comisión del Empleador Selecto era un equipo interno de trabajo que tenía como meta imaginar cómo Best Buy podía adquirir prestigio y respeto entre las personas talentosas que estaban buscando empleo. El equipo condujo una encuesta en la que se preguntó a los empleados qué era lo que más deseaban del trabajo. Por aplastante mayoría la respuesta fue: «Simplemente, que me dejen administrar mi tiempo. Que confíen en que haré mi trabajo, conseguiré resultados y, además, seré un empleado más feliz».

Aquí entró en escena Cali Ressler. Aunque Cali sólo tenía 24 años y era una empleada a tiempo parcial que cobraba por horas trabajadas, uno de los líderes de la comisión del Empleador Selecto le pidió que le ayudara a poner esta idea en práctica.

Ésta resultó ser la oportunidad perfecta para Cali, teniendo en cuenta en qué fase de su vida se encontraba. Best Buy fue uno de sus primeros empleos después de su graduación, y ella aprendió rápidamente las irracionalidades del entorno de trabajo. Los veteranos en la oficina le habían enseñado cuáles eran las reglas del juego: cómo llenar las fichas de control para reflejar la cantidad de horas esperadas (no el tiempo real trabajado), cómo parecer ocupada cuando el jefe se pasea por las oficinas, cómo parecer «interesada» formulando una serie de preguntas en las reuniones. Sobre todo, estaba aprendiendo hasta qué punto todos se sentían insatisfechos en el trabajo, no tanto con las tareas que tenían que cumplir, sino con toda la cultura del entorno laboral. Incluso los empleados que estaban en nómina —las personas que parecían tener poder y control— siempre estaban mirando por encima del hombro.

En un esfuerzo para responder a esta inquietud, Cali ayudó a crear el Programa de Trabajo Alternativo (PTA), un programa piloto que daba a las personas una opción de un conjunto predeterminado de horarios flexibles. Las opciones se basaban todas en acuerdos típicos de horario flexible (el trabajo desde casa; cuatro jornadas de 10 horas; jornadas de 8 horas que empezaban y terminaban en horas inusuales). Pero el PTA era diferente en dos aspectos clave. En primer lugar, las 320 personas que se inscribieron en el programa consiguieron participar. La flexibilidad no sólo era accesible a los más productivos, sino también a aquellos que estaban por encima de cierto nivel laboral. En segundo lugar, los empleados (no los gerentes) decidieron cuál de las cuatro opciones era la mejor para ellos, y una vez que tomaron su decisión, ésta no fue negociable. Le correspondía al departamento en su conjunto imaginar cómo hacer que la decisión individual de todos surtiera efecto.

Fue este control del horario lo que sembró la semilla de lo que llegaría a ser el Trabajo Orientado Exclusivamente por Resultados. Cali vio que si uno ofrece a las personas un pequeño control sobre su tiempo, ellas inmediatamente empiezan a ver los beneficios tanto en el trabajo como en el hogar. Los empleados que participaron en el PTA fueron más felices y más productivos y no querían que el programa piloto finalizara.

Jody Thompson ingresó en la compañía en 2003, y las ideas y conocimientos adquiridos durante el PTA empezaron a crecer y cambiar. A medida que desarrollamos y perfeccionamos lo que era el Trabajo Orientado Exclusivamente por Resultados y su modus operandi, la cultura de Best Buy comenzó a cambiar. Algunos gerentes ofrecieron su apoyo y otros no. A pesar de todo, la idea creció y finalmente empezó a funcionar. Cuando este libro se publique, aproximadamente 3.000 empleados de la compañía Best Buy estarán trabajando en un entorno ROWE, y se prevé poner a prueba el método en el ámbito minorista.

Gracias al ROWE, el personal de Best Buy es más feliz en sus vidas y en su trabajo. La compañía también se ha beneficiado, con un incremento en la productividad que ronda el 35 por ciento y una notoria disminución en los porcentajes de rotación de personal, que llega al 90 por ciento en algunas divisiones.

El propósito de este libro es transmitir este mensaje eficaz y mutuamente beneficioso para la vida y el trabajo al resto del mundo. En las próximas páginas, analizaremos por qué el entorno de trabajo es insalubre y revela actitudes y creencias ocultas detrás del problema. Luego describiremos cómo es el Trabajo Orientado Exclusivamente por Resultados, cómo opera y cómo aborda el problema del trabajo. También daremos una idea de cómo es la vida en un ROWE (una pista: es muy, muy buena).

Tampoco tendremos reparos en reconocer los retos que un ROWE plantea a una organización. En realidad, no estamos proponiendo que las compañías cambien radicalmente sus valores, ni su identidad, ni sus operaciones fundamentales. Las personas y las compañías no tienen que dejar de ser quienes son, sólo deben cambiar cómo trabajan.

En las páginas siguientes, esperamos desarrollar una argumentación convincente que explique por qué todo el mundo debería desarrollar sus tareas según el Trabajo Orientado Exclusivamente por Resultados. Contaremos historias y daremos resultados, pero no abrumaremos al lector con datos estadísticos. No creemos que exista un solo dato perfecto —cada año el estrés le cuesta a las empresas norteamericanas unos 300.000 millones de dólares; y el trabajador medio sólo hace tres horas de trabajo real por día— que sirva para despertar de algún modo a las personas. Todo lo que tiene que hacer es escribir las palabras *trabajo* y *familia* o *estrés* y *productividad* en Google, y tendrá todas las estadísticas que necesite. Presentar una argumentación racional que explique por qué el trabajo es un agobio no va a cambiar nada, porque nuestras actitudes acerca del trabajo no se basan en la razón. Necesitamos un nuevo enfoque para abordar el problema.

Finalmente, lo que estamos ofreciendo es un remedio de efectividad probada:

> para el problema del trabajo,
> para no ser tratado como un niño por su compañía,
> para no sentirse apremiado por el tiempo.

Sabemos que esto suena demasiado bien para ser cierto, pero no es así. Todavía tendrá que hacer su tarea. Pero con el

Trabajo Orientado Exclusivamente por Resultados todos tienen que actuar como adultos y ser tratados como tales.

Uno recupera su dignidad.

Vuelve a controlar su tiempo.

Vuelve a ser el dueño de su vida.

Y si todo esto puede ser cierto, si usted puede controlar su tiempo, su trabajo y su vida y ser una persona, entonces el problema que afronta cada día no es «¿Hoy tengo que ir a trabajar?», sino «¿Cómo puedo contribuir?»

¿Cómo contribuiré a esta cosa llamada vida? ¿Qué puedo hacer hoy para beneficiar a mi familia, a mi compañía, a mí mismo?

Cambiar nuestro modo de trabajar no será fácil. Habrá mucha resistencia, y ésta vendrá de fuentes inesperadas (incluido uno mismo). Pero necesitamos ese cambio. Mientras lee estas palabras, nosotros estamos luchando para hacer el trabajo productivo, justo y humano para todos. Esperamos que este enfoque racional del trabajo no sea la excepción, sino la nueva regla.

Opiniones de un ROWE: Gina

Gina* trabaja en un equipo que atribuye especial importancia a la formación basada en los talentos. También es parte del grupo de diversidad de la compañía. Ha estado en Best Buy durante cuatro años y medio y ha desarrollado sus tareas según el Trabajo Orientado Exclusivamente por Resultados durante tres años y medio. Gina tiene treinta y pico años.

Consideremos la generación de nuestros padres cuando uno iba a trabajar para una compañía y esperaba estar allí durante toda su vida. Y luego nuestra madre era despedida y eso provocaba una catástrofe. Su reacción era: «¿Cómo han podido hacerme esto a mí?»

Mi relación con mi compañía es diferente. Nosotros hacemos un trueque de trabajo por dinero. No es una relación personal. Y creo que hemos llegado hasta el punto en que un ROWE puede tener éxito porque muchas personas no están dispuestas a considerar a los empleadores como padres. Yo no espero que Best Buy se haga cargo de mí por el resto de mi

---

* Con estas historias que aparecen en todo el libro hemos procurado dar mayor claridad al texto, pero, por otra parte, han sido expresadas en las propias palabras de la persona. Los nombres y algunos de los detalles han sido cambiados para proteger la privacidad.

vida. Ellos tienen que tratarnos con justicia. Pero en un mercado libre, si la cosa no funciona para ninguna de las partes, entonces se acabó.

Pienso que algunos gerentes todavía piensan que son una especie de padres. Ser gerente significa estar a cargo. Y una parte de esta responsabilidad implica tener control. Es decir, tener control sobre las personas; lo cual a menudo significa hacer cumplir las reglas, simplemente porque son las reglas.

Tengo un amigo en otra compañía que ha tenido dificultades para dirigir a un empleado con un espíritu libre. Mi amigo tuvo problemas con esa persona porque no estaba siempre presente, pero era su mejor empleado. Le dijo que quería asignarle una tarea de más alto nivel, pero que no podía hacerlo porque estar en la oficina durante una cierta cantidad de horas era parte de lo que ellos evaluaban en el personal, y este empleado no cumplía los requisitos.

En mi opinión, esto era financieramente irresponsable para esa organización. ¿A quién le importaba cuántas horas estaba ese empleado en la oficina? ¿Si no me muevo de mi escritorio pero soy improductivo, eso me convierte en un buen trabajador?

Tengo otro amigo que es economista y profesor universitario, de modo que ya está viviendo el Trabajo Orientado Exclusivamente por Resultados. Sólo que no se llama así. Sin embargo, su idea de cómo debería ser el trabajo se basa en este viejo modelo institucional. En una oportunidad, me dijo: «Ellos necesitan verte en tu escritorio. De lo contrario no te habrían asignado uno».

Así pues, quisiera conversar con él sobre cómo ser estimado por los resultados es una medida mucho mejor que el tiempo que uno pasa en su escritorio. Intentaré expresarlo en términos económicos. Desde el punto de vista del empleador, correr el riesgo de que alguien no esté en su escritorio vale la pena. El verdadero riesgo es que no haga su trabajo, aunque no se puede vigilar a una persona todas las horas del día, de modo que el riesgo subsiste. Pero la recompensa de darle libertad, si realmente hace su tarea, es que permanecerá más tiempo en su trabajo. Una vez que uno ha estado en un ROWE y tiene ese poder, no querrá trabajar en ninguna otra parte.

1

Por qué el trabajo es un agobio

He llegado tarde al trabajo durante los últimos tres días, y he empezado a llamar la «atención» de mi jefe. Esta mañana, me vestí de prisa y entré en mi coche con una hora de tiempo para hacer un viaje que habitualmente me lleva unos 30 minutos. Con tiempo más que suficiente para llegar a la oficina a las 8:00, y quizás incluso a las 7:45 y ganar algunos puntos extras. Entonces sucedió. El tráfico estaba detenido dos semáforos antes de la rampa de entrada a la autovía. Era imposible avanzar. El otro camino que podía tomar estaba en obras, de modo que era la única opción que tenía. Me puse nerviosa y empecé a sudar, sabiendo que esto me costaría al menos una hora de retraso y estaría en la oficina a las 9:00, y no a las 7:45 como había planeado. Estaba segura de que sería despedida, o al menos de que me pondrían sobre aviso por llegar tarde cuatro días seguidos. Sentía subir mi tensión arterial y que los latidos de mi corazón se aceleraban. Me sentía tan mal que sólo deseaba apretar el acelerador y conducir lo más rápidamente posible. Busqué mi móvil a sabiendas de lo que tenía que hacer. Luché conmigo misma porque lo que estaba a punto de hacer me parecía horrible. Pero me convencí a mí misma de que, si no lo hacía, perdería mi empleo. Marqué el número de mi jefe, y escuché la voz de su contestador. Dije tosiendo, con una voz áspera: «Jim, hoy no me siento bien. No creo que pueda trabajar. He estado toda la noche con fiebre. [Tosí, aclarando la garganta.] Te veré mañana».

Estoy muy entusiasmada: mi esposo y yo hemos planeado ir a cenar a mi restaurante favorito para celebrar nuestro aniversario. El restaurante está a una hora de camino y necesito hacer nuestra reserva para las 18:00, durante la hora punta y salir de la oficina a las 16:30. Salir a esta hora es algo inaudito donde trabajo, pero no me importa que alguien diga algo de mí. Al llegar a la oficina, descubro que mi jefa ha convocado una reunión imprevista con mi equipo. Nos advierte que no ha visto la dedicación que necesita ver en nuestro nuevo proyecto. Espera vernos a todos trabajando, al menos hasta las seis de la tarde cada día para «cumplir con nuestro plazo». Después de la reunión, hablo con ella para hacerle saber que esa tarde me iré a las 16:30 a mi cena de aniversario, pero que trabajaré hasta las 19:00 todos los demás días de la semana. Me mira indignada y me dice que hay un grupo de personas que dependen de mí y que debo atenerme a las consecuencias. En ese momento supe que mi esposo y yo deberíamos celebrar el aniversario este fin de semana, en lugar de esa noche. Cancelé nuestra reserva y llamé a mi marido. Él me preguntó cuándo iba a comprender qué era lo más importante en la vida y colgó el teléfono. Yo me hago la misma pregunta mientras dejo caer mi cabeza sobre el escritorio.

¿Por qué el trabajo agobia?

Si le pregunta a la gente por qué el trabajo agobia, habitualmente le darán una de dos respuestas. Responderán con algo vago: éste es un mundo frenético; las personas están ocupadas; así es la vida. O mencionarán algo específico de su lugar de trabajo: un jefe controlador que mide cada minuto de cada pausa; un equipo de gestión desorganizado que crea un estado de urgencia permanente. Pero nosotras aducimos que la respuesta es más profunda y más extensa. Hay problemas sistémicos que comparten todos los entornos de trabajo. Los detalles cambian de una persona a otra y de un lugar a otro, pero el problema subyacente es el mismo. Y es un problema más grande que el hecho de que la vida sea dura o que en la empresa todo vaya a un ritmo vertiginoso.

Hoy el trabajo agobia en la vida empresarial porque tenemos un concepto erróneo del tiempo.

Consideremos las dos historias antes citadas. La primera persona quería «ganar algunos puntos extras» por llegar quince minutos antes. La jefa en la segunda historia espera que el personal se quede hasta las seis porque eso, de algún modo, demuestra dedicación. Llegar con retraso cuatro días en una semana podría costarle su empleo. Quedarse hasta más tarde todos los días podría proporcionarle ese ascenso que tanto desea. No puede irse a las cuatro y media y es mejor que no llegue a las nueve. Y en ningún momento se discute la calidad del trabajo efectuado. Sólo es una cuestión de tiempo; lo que más nos importa es el tiempo.

Todos trabajamos de acuerdo con un mito:

Tiempo + presencia física = resultados

En lo que respecta al trabajo, nuestras actitudes acerca del tiempo son tan omnipresentes que parecen casi invisibles. He aquí dos ejemplos triviales que hemos escogido porque son muy espontáneos y fortuitos. Cuando el alcalde de Nueva York Michael Bloomberg pronunció el discurso de la ceremonia de graduación en Staten Island College, dijo algunas cosas positivas para los futuros trabajadores de Estados Unidos acerca de asumir riesgos y aprender a colaborar con la gente, pero puso más pasión y energía en esta declaración:

«Si son los primeros en presentarse por la mañana y los últimos en irse por la noche, tienen menos días de vacaciones y nunca piden una baja por enfermedad, estarán en mejor posición que las personas que no lo hacen. Esto es muy simple.»

Creemos que ésta es una curiosa opinión proveniente de un alcalde de Nueva York. No estamos en contra de tener una sólida ética laboral, pero cuando pensamos en las personas que trabajan en la ciudad más grande del mundo, pensamos en su creatividad, su innovación, su destreza y su competitividad. Creemos que las personas tienen que aportar algo en el arte, las finanzas o el gobierno que nadie más haya aportado antes. Por supuesto, no pensamos en lo que las personas invierten en horas.

El otro ejemplo ilustra el tipo de consejo profesional que damos a las personas que trabajan en ámbitos laborales no tradicionales. Es de un sitio *web* que ofrece consejos a los trabajadores independientes sobre cómo tener éxito:

«Calcule su tiempo y trabajo. Cuando no tiene un reloj de control de asistencia y nadie que lo vigila necesita calcular su tiempo, si no es por su empleador o su cliente, entonces hágalo por usted mismo. Es importante que no deje pasar un día sin saber lo que realmente ha hecho, de modo que tome nota de lo que hace y cuánto tiempo emplea. Éste puede ser un esfuerzo extra, pero sólo requiere unos pocos segundos después de cada tarea.»

Esto es interesante. Al parecer, uno no puede determinar la calidad del trabajo que ha hecho si, además, no lo estima con una medida del tiempo. La frase «si no es por su empleador o su cliente, entonces hágalo por usted mismo» lo dice todo. Esto supone que usted necesita controlar su tiempo con un propósito que va más allá de la facturación. Sin saber cuánto tiempo requiere la tarea, no puede estimar su verdadero valor.

Esta regla implícita acerca del tiempo se aplica a casi todos, desde los empleados administrativos hasta el liderazgo superior. Con la excepción de los vendedores, que, independientemente de que cumplan sus objetivos o no, la mayoría son juzgados mediante una combinación de resultados y tiempo pasado en la oficina. Se espera que usted cumpla su función y complete sus tareas, pero también se espera que invierta en ello 40 horas o incluso más.

Curiosamente, sólo hacemos esto en el trabajo. Si uno está haciendo diligencias un sábado y lleva a cabo la tarea, no mide su tiempo. Quizá le frustre que una tarea específica le lleve tanto tiempo, pero usted no mira la pila de ropa para lavar y piensa: «Es mejor que procure invertir suficientes horas en esta tarea». Usted lleva a cabo lo que se ha propuesto hacer o no. Si hay algún incentivo para hacer las cosas más rápida y eficazmente es porque luego tendrá más tiempo para hacer algo más. En el trabajo, aun cuando llevemos a cabo la tarea, se espera que cumplamos el horario. Porque, por definición, un trabajo de jornada completa requiere 40 o más horas.

¿Por qué consideramos el tiempo de este modo? Quizás es un vestigio de la Era Industrial, cuando, si el obrero no estaba en su lugar en la línea de montaje, entonces el trabajo no se completaba. Si uno no le dedicaba su tiempo, la tarea no se llevaba a cabo. O quizás esta actitud acerca del tiempo se remonta a una época anterior, la de la manufactura. Si usted tenía un oficio artesanal, el tiempo invertido en un mueble o una armadura se traducía más directamente en una pieza de calidad.

Hubo una época en que las 40 horas trabajadas por semana tenían un buen propósito. Debemos la semana laboral de 40 horas a la Ley de 1938 del Congreso norteamericano sobre las normas laborales justas, que también terminó con la práctica del trabajo infantil y estableció el salario mínimo. La idea era hacer el trabajo uniforme y justo, cuando las compañías tenían demasiado control sobre las vidas de los trabajadores. Pero, de algún modo, la semana laboral de 40 horas se convirtió en la regla de oro de la competencia, la eficiencia y la eficacia.

Sin embargo, en una economía de la información y los servicios no tiene sentido usar el tiempo como una medida del trabajo bien hecho ¿Qué significan 40 horas? ¿Y qué consigue con esas 40 horas? Naturalmente, todavía se requiere tiempo para investigar o desarrollar relaciones o un conjunto de conocimientos, pero todos los días emprendemos acciones individuales, y las pequeñas unidades de trabajo están más relacionadas con la comunicación y la solución de problemas. Hoy hacemos más tareas con nuestros cerebros que con nuestras manos y el trabajo intelectual requiere un conjunto diferente de suposiciones acerca de la productividad.

El trabajo en la sociedad del conocimiento requiere fluidez (las ideas pueden surgir en cualquier momento, no sólo entre las ocho de la mañana y las cinco de la tarde), concentración (estar tranquilo y concentrado es más importante que ser puntual) y creatividad (una vez más, se puede estar interesado o no, sin tener en cuenta la hora). Hoy pasamos nuestras vidas ocupados en tareas cuya eficacia es más difícil de estimar en una medida de tiempo. Después de todo, ¿cuánto tiempo hace falta para pensar la respuesta a la pregunta de un colega? ¿O para tener una idea acerca del mercado? ¿O para cerrar un trato?

Cuando intentamos vivir nuestras vidas de acuerdo con este nuevo conjunto de exigencias, pero bajo el viejo conjunto de suposiciones, repetimos las historias que iniciaron este capítulo. Nos convertimos en personas resentidas y frustradas que luchan por conciliar lo viejo y lo nuevo ¿Y qué?, podría decir usted. Estos tipos de anécdotas son tan comunes que no vale la pena mencionarlas. ¿No es así la vida? Todo el mundo tiene momentos como éstos en el trabajo. Sin embargo, hay algo acerca del tiempo que preocupa a todas las personas: si el entorno de trabajo es injusto, lo es para todos. No lo llamemos el fin del mundo. Llamémoslo martes.

Admitimos que estos tipos de historias son comunes e incluso mundanas, pero no creemos que pueda encontrar a alguien capaz de aducir que son una evidencia de un entorno de trabajo ideal. Y estamos completamente seguras de que podría encontrar a muchas personas que se preguntan cuánto tiempo más podemos continuar así, con este nivel de estrés. En esta atmósfera enrarecida. A este paso inexorable hacia una meta que nadie puede ver, porque nadie la ha definido. Nos hemos acostumbrado al mundo laboral, pero ¿a alguien le gusta? ¿Alguien se beneficia verdaderamente? Pocas personas dan lo mejor de sí mismas. Pocas compañías obtienen lo mejor de su personal. Los malos momentos que pasamos en el mundo empresarial estadounidense pueden parecer pequeños, pero esos pequeños momentos se suman hasta convertirse en grandes problemas para el empleado y para la empresa.

Una de las consecuencias más visibles de nuestra equivocada fe en el tiempo es el «presentismo». Por ejemplo, consideremos a un empleado llamado Bob. Bob ha llegado a conocer a fondo la política empresarial norteamericana. Ahora, casi rondando los 60 años de edad, lo ha visto todo: reducciones de plantilla, subcontratación, redimensionamiento de la empresa. Pero ha seguido ascendiendo a través de las jerarquías porque sabe cómo son las reglas del juego. Él llega antes que todos los demás y consigue ese deseado lugar de aparcamiento junto a la puerta de entrada, un sitio que todos los que llegan más tarde ven con una mezcla de envidia y resentimiento porque Bob los aventajó nuevamente. Durante la jornada Bob asiste a todas las reuniones. Come el almuerzo en su escritorio. Y apaga las luces de la oficina por la tarde. Su jefe lo describe como «un trabajador incansable» y como «una roca» ¿Acaso se puede negar que está trabajando? Pasa tanto tiempo en su puesto. ¡Algo debe estar haciendo!

En realidad, no importa que Bob no *haga* nada. Tampoco que no haya contribuido significativamente a los resultados financieros durante años.

La mayoría de nosotros, en algún momento de nuestras vidas, somos culpables de «presentismo», nos guste o no admitirlo. Uno está físicamente presente y cumple el horario, pero, en realidad, no está haciendo su tarea. Su cuerpo está en la oficina, pero su mente se halla en otra parte.

El presentismo ocurre cuando uno juega al WoW (World of Warcraft) en su ordenador, compra en eBay o sigue con atención las competiciones de atletismo de la NCAA. El presentismo ocurre cuando usted llega puntualmente al trabajo, pero luego se pasa una hora leyendo el periódico en Internet. El presentismo ocurre cuando le dice al personal que está allí para servirlo, que está disponible y que tiene tiempo para escuchar sus inquietudes, pero no hace todo lo que puede para resolver el problema inmediato, a menudo porque no está seguro de que exista realmente el problema. El presentismo da lugar a un modo de pensar que conduce a declaraciones como éstas:

«He terminado ese proyecto un día antes del plazo, pero no se lo he dicho a nadie. No quiero hacerlo todavía o el jefe me dejará más trabajo sobre el escritorio.»

«Señores, hoy daremos el premio del Empleado del Mes a Jan. Ella ha trabajado muchas horas el último mes, y tengo la sensación de que incluso ha estado aquí durante los fines de semana. Somos afortunados de tener un miembro tan dedicado y comprometido en nuestro equipo. ¡Felicitemos a Jan!»

«Paul, he observado que últimamente se ha ido de la oficina antes de las tres. Siempre y cuando cumpla sus cuarenta horas, no me importa si se marcha antes. Sin embargo, ha habido algunas quejas del equipo. Varias personas sólo le han visto veinticinco o treinta horas en la oficina. Trate de cumplir con el horario. Como sabe, tenemos mucho trabajo pendiente.»

Pero este modo de pensar crea algunas dudas:

Si está llevando a cabo su tarea, entonces, ¿por qué le obligan a cumplir su horario?

Si añade valor a la compañía, si completa su trabajo, entonces, ¿a quién le importa si necesita 40 horas o 40 segundos para hacerlo?

Si no muestra interés por el trabajo, cumple el horario y mira continuamente el reloj, entonces ¿qué está haciendo con su vida?

No estamos llamando la atención a los empleados. En realidad, intentamos hacer todo lo contrario. El presentismo no ocurre porque las personas son perezosas, indolentes o no dedicadas a su trabajo. Ocurre en todas partes, todos los días, porque nuestra manera de estimar el desempeño laboral es errónea. Es un fallo en el sistema, no en las personas.

Nuestra falsa devoción por el tiempo altera la conducta. Porque, en realidad, no sólo estamos haciendo nuestra tarea, sino que, para que esa tarea encaje dentro de una semana laboral de 40 horas de ocho de la mañana a las cinco de la tarde (con una media hora o una hora para el almuerzo), tenemos que ir contra reloj.

El reloj nos convierte en mentirosos. Pedimos la baja por enfermedad cuando tenemos que ocuparnos de los asuntos de familia. O invertimos muchas horas en las reuniones porque no somos capaces de llevar a cabo la tarea inmediata.

El reloj impide el compromiso. Algunos días se siente abrumado («¡No puedo creer que tenga que hacer todo esto en 40 horas!») y otros días trabaja menos de lo debido («¡No puedo creer que tenga que estar aquí durante 40 horas!»).

El reloj desalienta la innovación y la creatividad. No puede estar motivado para resolver los problemas de la compañía porque, aun cuando lo haga, sus jefes todavía juzgarán cuánto tiempo ha invertido en ello. No puede servir a dos patrones.

No culpamos de todo esto al *establishment*. Nuestras actitudes acerca del tiempo están tan arraigadas que todos somos culpables de este tipo de pensamiento erróneo. Incluso aquellos que trabajan para una compañía progresista —aun aquellos que están en una cultura laboral orientada a los resultados— no son inmunes a estas actitudes obsoletas.

Nos presentamos en el trabajo y, en lugar de pensar en lo que podemos hacer para obtener resultados, tratamos de imaginar cómo cumplir nuestras metas y hacerlo dentro de los estrechos márgenes de una jornada de ocho de la mañana a cinco de la tarde.

Sentimos admiración (o envidia) por las personas que pasan la mayor parte de las horas en la oficina porque pensamos que, de algún modo, trabajan mucho.

Nos quejamos de cuántas horas invertimos en el trabajo, como si eso nos convirtiera en héroes.

Comemos en algún momento entre las once y media y la una y media, y lo hacemos en sólo una hora, porque ése es el horario aceptable para comer y la duración aceptable de la comida.

No creemos que las personas que trabajan en programas de horario laboral flexible inviertan suficientes horas en hacer su tarea.

A toda costa, evitamos entrar a las 8:15 porque eso nos da fama de «tardones». Preferimos entrar a las 7:45 para ser vistos como «madrugadores».

No cuestionamos que se use el tiempo para medir el trabajo,

que algunos empleos sean a «tiempo parcial» o de «jornada completa» y que las 40 horas sean la norma.

Cuando conversamos con otras personas sobre estas actitudes, generalmente reconocen que el sistema es ineficaz. Cuando empezamos a crear el modelo que más tarde llegaría a ser el Trabajo Orientado Exclusivamente por Resultados, no necesitamos decirle a la gente que las actitudes acerca del tiempo eran erróneas. Todos lo sabían intuitivamente, y una vez que empezamos a darles la oportunidad de conversar sobre estas normas implícitas fue como una revelación.

Antes de que se formalizara el Programa de Trabajo Alternativo en Best Buy, Cali se encargó de manejar los grupos de muestra de las 320 personas que iban a participar en el experimento. Un grupo típico estaba formado por 10-15 personas y era un conjunto heterogéneo de empleados por hora, empleados asalariados de bajo nivel y miembros del equipo superior de gestión. La meta de estos grupos era imaginar cómo crear un programa que abordara el tema un poco amorfo de la confianza. Muchos de los comentarios eran sobre el plan y abordaban cuestiones técnicas (como asegurarse de que exista una buena comunicación, metas claras y herramientas de realimentación para supervisar el desarrollo del plan piloto), pero el tema principal era que las personas estaban desesperadas por conseguir el control de su tiempo.

En estas reuniones, había una profunda tristeza porque todos sabían lo que estaban perdiendo. Aunque no lo expresaran claramente, sabían que sus empleos les estaban arrebatando un tiempo precioso. El tiempo con sus amigos y su familia. El tiempo para el desarrollo profesional. En algunos casos —si estaban comprometidos en reuniones durante todo el día—, incluso el tiempo para hacer su tarea.

¿Cómo soportamos esto? ¿Hasta dónde llega el impresionante poder del tiempo sobre nuestras vidas? Podría pensar que algún investigador y pensador importante ha llevado a cabo un estudio a largo plazo que demuestra que necesitamos tener este modelo empresarial basado en el tiempo porque los datos revelan que las personas que no trabajan al menos 40 horas no pueden ser eficaces en una economía global en constante actividad. Pero estaría equivocado. Tenemos estas actitudes acerca del tiempo y dejamos que éste ejerza su poder sobre nosotros por una razón: la creencia.

Las declaraciones del alcalde Bloomberg y del sitio *web* que ofrece consejos a los trabajadores independientes no sólo son un ejemplo de lo desorientados que estamos sobre lo que pensamos del tiempo, sino también un ejemplo de la inexactitud de nuestras ideas con respecto al trabajo en general. Pero no las desechamos. Preferimos mostrar que el fundamento de nuestras suposiciones acerca del trabajo ha llegado a ser cada vez más incierto porque la tecnología y la globalización han cambiado el mundo.

Consideremos a Addie. Acaba de graduarse en la universidad y ha ingresado en el mundo laboral. Addie es una empleada inteligente y capaz. Creció como uno de esos niños a quienes la gente califica de «excesivamente programados», pero si bien su vida es muy intensa, ella es excelente manejando sus prioridades. En la facultad, era el tipo de estudiante que obtenía buenas calificaciones, tenía un novio, participaba en actividades extracurriculares y podía conciliar todas sus actividades. Era una trabajadora eficaz y dedicada, pero aunque su carrera parecía ser importante para ella, también lo eran sus amigos y sus intereses externos. Para ella, todos los aspectos de su vida eran importantes.

Desafortunadamente, su actitud acerca de la vida no coincide con las costumbres de su gerente y del resto del equipo. Ella prefiere trabajar en los cafés y en horarios no convencionales, pero su jefa dice que eso no es adecuado ni oportuno. De acuerdo con su gerente, las otras personas en el equipo de Addie se sienten molestas cuando ella se va del edificio para trabajar en un lugar tranquilo, o cuando pide permiso para retirarse más temprano los viernes, aun cuando haya completado su trabajo. Por un lado, Addie se hace merecedora de los elogios de su jefa, que valora a las personas como ella y aprecia sus contribuciones. «Tienes grandes ideas», dice la jefa de Addie. «Pero si entras y sales todo el tiempo no vas a conseguir un ascenso. Las personas no van a tomarte en serio. Después de todo, la percepción es la realidad.»

La percepción es la realidad.

¿Cuántas veces hemos oído esa expresión con referencia al trabajo? Quizá se haya dicho algo semejante a sí mismo.

«Es mejor parecer ocupado. He oído que hoy el consejero delegado está en las oficinas.»

«No importa lo que conoce, sino a quién conoce.»

«Tengo que ir a esa reunión. Es mi única oportunidad esta semana de interactuar con mi jefe.»

Lo más curioso acerca de estas actitudes sobre el trabajo es que no se enseñan en la escuela. Uno no aprende en una clase cómo funciona el entorno de trabajo. Hay libros sobre cómo tener éxito en la empresa o cómo hacer amigos y conocer a personas influyentes, pero no existen libros que enseñen cómo comportarse en el trabajo. No hay ningún recurso formal.

Entonces, ¿de dónde vienen estas creencias? Aprendemos de la experiencia laboral de nuestros padres y mayores, de las historias que nos cuentan. Oímos consejos como la declaración del alcalde Bloomberg, o recibimos ciertas instrucciones de nuestras madres o padres acerca de cómo actuar profesionalmente antes de acceder a nuestro primer empleo. Pero, sobre todo, aprendemos a través de nuestra experiencia de lo que es normal en el entorno de trabajo. Una de las cosas que el trabajo nos enseña, ya se trate de un restaurante, de una tarea monótona en una oficina o de cortar el césped para nuestros vecinos, es que hay una tarea que hacemos y una tarea que aparentamos hacer.

Uno tiene sus tareas y responsabilidades, relacionadas con el Empleo.

Además, a veces hay algunas reglas implícitas que uno debe aceptar, relacionadas con el Trabajo.

Estas reglas inexpresadas y no escritas se basan en creencias que todos compartimos acerca de cómo se lleva a cabo la tarea y qué significa completar el trabajo. Tenemos tantas creencias sobre el trabajo que sería imposible nombrarlas todas. He aquí una lista parcial:

- Una gran parte del trabajo se lleva a cabo de lunes a viernes, de ocho de la mañana a cinco de la tarde.
- El personal hace la tarea en sus puestos de trabajo.
- Los resultados son proporcionales a los esfuerzos.
- Los programas con «horarios de verano» ayudan a crear un equilibrio trabajo-vida personal para nuestros empleados.
- Las personas que trabajan muchas horas llevan a cabo más tareas que las personas que trabajan menos horas.
- La condición de empleado por horas es una manera de proteger a nuestro personal de trabajar demasiadas horas.
- Trabajar «sin horario» no es apropiado para el equilibrio trabajo-vida personal.
- La flexibilidad crea problemas de rendimiento o productividad.

- Las personas en entornos de trabajo flexibles no tienen suficiente tiempo para llevar a cabo su tarea.
- Si las personas pueden completar su tarea en menos tiempo, deberían tener más trabajo.
- El mejor servicio al cliente ocurre frente a frente.
- Crear más «empleos» nos ayuda a manejar más trabajo.
- El tiempo de interacción es necesario para llevar a cabo la tarea.
- El acceso inmediato es la mejor medida de un buen servicio al cliente.
- Las funciones y responsabilidades aportan claridad al trabajo.
- Las descripciones de las tareas ayudan a las personas a saber qué se espera de ellas en el trabajo.
- La reestructuración requiere más horas de trabajo.
- Si les da a sus empleados el control de sus horarios, ellos abusarán del sistema.
- Los gerentes con subordinados directos no pueden trabajar desde el hogar.
- La mejor colaboración se realiza cara a cara.

¿Estas creencias tienen sentido en una economía basada en la información o los servicios? ¿O son vestigios de una época en que se trabajaba de cierto modo porque no había otra alternativa? Antes de la tecnología, *teníamos* que ir a la oficina porque allí estaba la fotocopiadora, la línea telefónica, el corrector líquido. Inventamos la «dirección por contacto» porque no podíamos dejar un mensaje de voz a alguien o crear una intranet para supervisar el progreso de un proyecto. La gente no podía trabajar virtualmente porque no había ningún espacio virtual, solamente un espacio físico y un tiempo real.

Tenemos todas estas suposiciones acerca de cómo es el trabajo, aunque en la economía actual se parece cada vez menos a lo que fue hace dos décadas.

Considere estas imágenes: la de una mujer paseando a su perro y la de un hombre sentado en una sala de conferencias con algunos otros hombres.

Ahora pregúntese: ¿cuál de ellos está trabajando?

Si esto hubiera sucedido hace cincuenta años, automáticamente supondría que el hombre está trabajando. Por un lado, en esa época la mayoría de las mujeres no trabajaban. Por otro lado, ¿qué tipo de trabajo podría estar haciendo mientras pasea el perro? Además, mire a ese hombre. ¡Él está allí! En una sala de conferencias de un edificio de oficinas. ¡Un lugar donde se trabaja! Es cierto, él está allí sentado y no podemos conocer sus pensamientos, ni siquiera si está prestando atención, ni si ha tenido una idea que merezca la pena en su memoria reciente. ¿Quién sabe? Quizá después de esa reunión va a ser despedido. Pero, al parecer, está trabajando.

En realidad, incluso hoy, con todas las mujeres que han ingresado en el mundo laboral, todavía es probable que hagamos todo tipo de suposiciones acerca de estas dos personas. Por ejemplo, que el trabajo ocurre en ciertos tipos de lugares, en ciertos momentos y con ciertos tipos de personas. Las creencias sobre el trabajo se han formado a través de generaciones y ahora están tan arraigadas que las personas ni siquiera las cuestionan. Sin embargo, si lee cualquier historia de éxito empresarial, podemos asegurarle que la inspiración para ese nuevo producto, servicio o compañía no ocurrió en una oficina. Las historias de las grandes marcas como Starbucks o las grandes compañías como Apple se iniciaron en el mundo o en el garaje de un inventor, no en una sala de conferencias con ocho personas que miran fijamente un rotafolio.

Pero todavía nos aferramos a esas viejas ideas, aun cuando nos estemos agobiando. Pensemos en la pobre Addie. Ella es brillante y capaz. Se abrió camino en la universidad mientras hacía malabares con todos los aspectos de su vida. Entonces, ¿por qué su jefe supone que el único modo que tiene Addie de completar su trabajo es estar en su cubículo de ocho a cinco? ¿Por qué se piensa que Addie no será tomada en serio si no hace una ostentación de su trabajo (en vez de llevar a cabo, simplemente, su tarea)? ¿Por qué aceptamos algo tan absurdo como «la percepción de la realidad»?

De hecho, nuestras suposiciones acerca de cómo se hace el trabajo y qué aparenta ser están tan arraigadas que cualquier alternativa, incluso una eficaz, se trata como una ficción. Consideremos este encabezamiento de un artículo de *Reuters* del 18 de julio de 2000, titulado «Este viernes lo real se torna informal».

«Este viernes es el Día del Trabajo Nacional en el Hogar, una ocasión en que no habrá ninguna necesidad de sentirnos culpables por negociar un acuerdo multimillonario en dólares, en pijama y pantuflas, o por entrevistar a un director ejecutivo envueltos en una toalla.»

¿No es curioso? ¿Por qué alguien que acaba de negociar un acuerdo multimillonario tiene que sentirse culpable de algo?

Nuestras creencias sobre dónde y cómo se lleva a cabo el trabajo distorsionan nuestra manera de evaluar el trabajo, del mismo modo que lo hace el poder del tiempo. Desde luego, el trabajo se puede realizar en una oficina o en una reunión, pero ¿tiene que hacerse de ese modo? Si uno de sus contactos empresariales le llama por teléfono para hacerle una pregunta, ¿le importa realmente si usted está en su escritorio o en el gimnasio? Tenemos muy poco «tiempo de interacción» con nuestros socios del extranjero y, sin embargo, ¿no hacemos nuestro trabajo con ellos? La mayor parte de lo que hacemos es un intercambio de información e ideas (a menudo, electrónicamente). No tenemos una necesidad absoluta de congregarnos en oficinas.

Pero ¿qué pasa con las reuniones? ¿Qué ocurre con los equipos? En los próximos capítulos, dedicaremos más tiempo a la gestión y las reuniones, pero por ahora sólo diremos esto:

Todos saben que por cada reunión productiva hay al menos dos que no lo son.

Todos saben que cuando una reunión alcanza un cierto nivel de asistencia es probable que al menos tres personas de las que están allí no deberían estar presentes.

Todos saben que una gran parte de lo que se hace en una reunión —es decir, el intercambio real de información— se podría manejar a través del correo electrónico.

Pensamos que el propósito de las reuniones es llevar a cabo la tarea. Pero nuestras reuniones también son una manera de expresar y llevar a la práctica nuestras creencias obsoletas acerca del trabajo. Por eso, las personas que tienen dos o tres compromisos simultáneos se consideran más importantes que las que no tienen tantas reuniones. Por eso las personas que pueden convocar a otras a las reuniones son consideradas tan poderosas, aunque este poder no tenga nada que ver con la eficacia. Las reuniones parecen más importantes que la tarea, porque si asiste a ellas, naturalmente, está contribuyendo. El trabajo que se lleva a cabo en las reuniones es excelente. Estas normas implícitas e inéditas en torno a las reuniones son una de las razones por las que el trabajo agobia.

Como observó Gina en su historia, existe una ecuación riesgo-recompensa, si no le da al personal el control de su tiempo y su trabajo. Si permite que sus creencias acerca del trabajo le sirvan de guía, está privando a sus colegas y empleados —y a sí mismo— del control que podrían necesitar para hacer su tarea. Debe ser tan adaptable como sea posible, así como necesita ser humilde, cauteloso, prudente, ingenioso, proactivo y todas esas cosas que son necesarias en la empresa, pero está obstaculizado por las suposiciones, confinado a un escritorio con un teléfono y un ordenador, mientras su jefe se pasea por la oficina para controlar si está o no está trabajando. La consigna es parecer ocupado en lugar de trabajar, resolver problemas y contribuir. Éste es un juego en el que nadie gana. Usted pierde su libertad, su motivación y su alma y, a cambio del control sobre su vida, su compañía a menudo sólo consigue poco más que el que usted aparente que está trabajando.

Nada de esto se describe en ninguna parte. Los manuales del empleado contienen directrices sobre el tiempo y las vacaciones, pero las personas no viven de los reglamentos. La cultura en el entorno de trabajo es algo vívido, palpitante. Entonces, ¿cómo se han arraigado esas creencias?

Consideremos a Heather como ejemplo. Heather podría ser la persona más desdichada en su compañía. Ella tiene algo más de cuarenta años, se ha divorciado recientemente y tiene dos hijos pequeños que están en una guardería infantil. Es la única persona que mantiene a esa familia. No siempre es la más trabajadora, pero parece mejor que la mayoría y realmente ayuda cuando es necesario. El problema es que su vida la está matando. No importa cuánto esfuerzo haga en su trabajo, siempre hay algo que no lleva a cabo. Ni su vida personal ni su vida laboral son florecientes. Ella deja a sus niños en la guardería cuando están enfermos y se siente mal todo el día. Constantemente, le exigen su presencia en el trabajo y sus compañeros la tratan como a una mujer en decadencia. A veces, las insinuaciones son sutiles, como cuando ella entra y todos callan, pero otras veces la gente le dice en la cara que si no puede manejar la familia y el trabajo, entonces, quizá, debería buscar otro empleo. Con el tiempo, todo esto se ha sumado hasta llegar al punto en que incluso el más leve comentario puede deprimirla. Un día llega quince minutos tarde a una reunión matinal que, en realidad, todavía no ha empezado. Cuando entra en la sala, su jefe alza la vista y le dice: «Muy amable de tu parte reunirte con nosotros», y aunque parezca deplorable, esta pequeña estocada le arruina todo el día.

Los seres humanos juzgan todo, especialmente a las otras personas: su vestimenta, su peinado, su modo de hablar, de conducir, de cocinar, su bienestar financiero, su ocupación e incluso sus habilidades para criar a los hijos. Juzgamos automáticamente, y a veces preferimos decir en voz alta lo que pensamos. Algunas personas son aparentemente crueles y menosprecian a sus amigos y familia con referencias apenas veladas a sus defectos. Otras son bien intencionadas pero irreflexivas, y hacen comentarios inocentes acerca de cuánto dinero gana alguien, cómo lleva su matrimonio, cómo se peina o cuánto pesa.

Sin embargo, hay reglas. A medida que uno madura, aprende qué es lo que puede y no puede decir a la gente, lo que es de buena o de mala educación. Curiosamente, en el trabajo muchas de estas reglas no se aplican. Nos permitimos ser descorteses en el trabajo. Juzgamos los aparentes hábitos de trabajo de las personas. Opinamos sobre cómo son las vidas personales de la gente y las opciones personales que afectan a su trabajo. Especialmente, juzgamos a las personas por cómo usan su tiempo.

Decimos:

«¿Has llegado a las once otra vez? ¡Ojalá yo tuviera tu horario!»

«Otra vez de vacaciones. ¿Cuántos días de vacaciones tienes?
¡Yo no me he tomado vacaciones en cinco años!»

«¿Cómo es posible que John haya obtenido un ascenso? ¡Si
nunca está aquí!»

«Ojalá yo fumara. Entonces siempre podría hacer una pausa
y nunca tendría que trabajar.»

Nosotras llamamos a este tipo de juicio Lodo[SM]. El Lodo
es el comentario negativo que ocurre naturalmente en un entorno laboral y se basa en creencias obsoletas acerca del tiempo y el trabajo

En el próximo capítulo abordaremos con más detalle el
Lodo, pero por ahora digamos que ese «sedimento» cumple
una función muy importante en el trabajo. Cuando juzgamos
a las personas, cuando las «enlodamos», estamos expresando
actitudes obsoletas acerca del tiempo, cómo es el trabajo y
cómo se lleva a cabo. Juzgamos para señalar que el otro es diferente. Juzgamos para señalar que, aun cuando la falta de alguien sea insignificante, está actuando al margen de las leyes
del trabajo. Juzgamos para aparentar ser mejores. Para mostrar a las otras personas (y a nosotros mismos) que somos los
más trabajadores, los más dedicados.

Sobre todo, juzgamos a las personas para *reforzar* esas
creencias sobreentendidas acerca del trabajo. Éste es un círculo vicioso.

El tiempo es la medida errónea.

Las creencias acerca del trabajo atribuyen al tiempo más poder del que merece.

Al actuar de acuerdo con las creencias, las personas se juzgan
(o enlodan) mutuamente para dar poder al tiempo y afianzar el statu quo.

Cuando mira el trabajo a través de estas lentes, incluso las frases aparentemente «inocentes» empiezan a tener significados más profundos.

«¿Son las diez de la mañana y acabas de llegar?»

Las personas que dicen esto creen que sólo se puede trabajar de las ocho de la mañana a las cinco de la tarde, en un lugar físico. Le están expresando que es mejor que llegue puntual o será tildado de mal empleado.

«No me sorprende que Bill haya conseguido ese ascenso. ¡Él siempre está aquí!»

Las personas que dicen esto creen que si no está en el trabajo no puede hacer su tarea. Si nadie lo ve «trabajando», entonces jamás será reconocido por sus logros. Estas personas están reforzando la idea de que los empleados que están más horas en el trabajo son los que llevan a cabo más tareas.

«Rita está otra vez en la sala de lactancia. Ojalá tuviera niños. Nunca tendría que trabajar.»

Traducción: las personas que tienen niños no están tan comprometidas con sus tareas porque son consideradas como no disponibles para el trabajo. Además, trabajan menos horas, lo cual significa que no pueden tener un impacto positivo. Esta persona le está enviando el mensaje de que si quiere tomarse en serio su carrera tener niños puede ser perjudicial.

Cuando empieza a oír lo que hay realmente detrás de este tipo de comentarios (o se sorprende haciéndolos usted mismo), comprende hasta qué punto es pernicioso el entorno de trabajo. Hasta qué punto nuestro sentido del tiempo y nuestras creencias acerca del trabajo nos impiden crecer. De hecho, cuando nos juzgamos unos a otros de este modo, estamos defendiendo un sistema que nos distrae de lo que más importa (los resultados) y concentra nuestra energía en lo que es irrelevante (el tiempo y el lugar). Nos sentimos culpables e incompetentes (o hacemos sentir a los otros de ese modo). Trabajamos como sonámbulos que cumplen un horario o creamos elaborados entornos laborales para un sistema que no podría estar mejor concebido para demorar la tarea.

La próxima vez que vaya al trabajo, escuche atentamente los comentarios negativos (el Lodo). La próxima vez que oiga a alguien criticar o chismorrear sobre los hábitos laborales de otro empleado, esté atento a las suposiciones subyacentes acerca de esa persona. Descubrirá una serie de extrañas creencias acerca del tiempo y el lugar. Oirá suposiciones que no tienen nada que ver con el hecho de que esa persona esté haciendo realmente su tarea, sino más bien con el hecho de cómo se comporta en el trabajo. También podría oír algo que siempre está detrás de cada comentario negativo: la voz de las personas que se sienten privadas de control. En cada uno de estos juicios hay una verdad fundamental: «No tengo ningún control. No tengo ningún control sobre este sistema imperfecto, y por eso me veo obligado a juzgar a las otras personas, de acuerdo con ciertas reglas que instintivamente sé que son erróneas».

Si el propósito es demostrar que usted se presenta puntualmente en la oficina, entonces, desde luego, va a juzgar a alguien que no cumple el horario. Si no tiene ningún control sobre cuándo y cómo trabaja, entonces, desde luego, va a sentir envidia y resentimiento hacia alguien que es libre. Si las reglas del juego son injustas, pero usted no puede cambiarlas, su única opción es padecer en silencio o desahogarse con alguien.

Si bien el Lodo es el rumor de las personas que se sienten privadas de control, para la dirección es un excelente medio de control. Reflexionemos sobre la historia de Heather. Si uno no está en el trabajo a las ocho de la mañana, entonces no está cumpliendo su función. De algún modo, en el lapso de quince minutos o media hora ella ha dejado de ser una buena empleada (¡que llega puntualmente a las ocho todos los días!) para convertirse en una mala empleada («Muy amable de tu parte reunirte con nosotros»). Sin perder la calma, sólo con una frase irónica, su jefe la dejó en mal lugar, ¿y por qué?

Los comentarios aparentemente inocentes nos dicen todo acerca de lo que se valora en un entorno laboral. Nos preocupa más el tiempo y la apariencia de estar ocupado y presente que nuestro verdadero desempeño. Nos interesa más controlar a las personas que permitirles tener éxito en la tarea. Preferimos el orden a la excelencia.

Éste es el motivo por el que uno puede cambiar de empleo cada año y seguir afrontando los mismos problemas con el trabajo. Por eso, el placer que se experimenta en la entrevista laboral a la larga se convierte en amargura, cuando descubre cómo funciona realmente el lugar. Por eso, incluso las compañías «progresistas» o las empresas «jóvenes» también pueden ser un agobio. Esto no ocurre en sitios aislados, sucede en todo el entorno laboral. No se debe a un mal jefe o a una política injusta, sino a la verdadera naturaleza de cómo trabajamos.

El tiempo, las creencias y los juicios son una manera de abordar el problema en el trabajo, pero antes de pasar al siguiente capítulo, quisiéramos hacer otra observación. Hay dos fuerzas opuestas que actúan en su vida: la demanda y el control.

Las demandas le presionan desde una dirección, e incluyen cómo hacer su tarea, velar por sí mismo y por su hogar, y estar conectado con su familia y sus amigos. Éstos son los elementos básicos. Las personas también tienen demandas provenientes de un padre anciano o enfermo, un trabajo voluntario, una asociación vecinal, un equipo de la liga de béisbol local. También hay que tener en cuenta la necesidad de sentarse cómodamente de vez en cuando y leer un libro. Una demanda es algo que usted necesita para vivir su vida.

La herramienta para luchar contra la demanda es el control. Imagínese un sábado típico. Podría salir de compras, pasar el rato con la familia y los amigos, ir al cine, almorzar en un restaurante, pagar facturas, o lo que sea. Dado que los sábados tiene el control de su tiempo, puede satisfacer esas demandas, sin limitaciones. Podría almorzar a las tres y media de la tarde, en lugar de a la «hora del almuerzo» tradicional, porque prefiere ver una película al mediodía y comer después. Podría levantarse una hora antes, pagar las facturas y hacer compras por Internet para liberarse de esa faena antes de que el resto de la familia se despierte, y lo hace sin resentimiento porque ha elegido hacer esa tarea de bajo valor para poder disfrutar de lo que más le importa. Pero, finalmente, no importa cómo pasa el día. Es su día, y mientras pueda tachar todo de la lista, no tiene a quién rendirle cuentas, sólo a sí mismo.

Cuando las personas tienen altas demandas y alto control, su vida puede ser agitada pero manejable. En ese caso, deben planear qué necesitan hacer y cuándo.

Cuando las personas tienen altas demandas y bajo control, su vida es agitada y miserable. No pueden planear nada. Están atrapadas en un sistema que intensifica las demandas, pero les niega el control para satisfacer esas demandas.

Por eso, el trabajo es un agobio. Usted tiene que responder a todas esas demandas, como llevar a cabo la tarea por la que ha sido empleado, apañárselas diariamente para llegar con puntualidad al trabajo, asistir a las reuniones, estar presente en la celebración del cumpleaños de un compañero de trabajo, y así sucesivamente. Y no sólo tiene que afrontar las demandas del trabajo, sino que, mientras está en el trabajo, las necesidades del resto de su vida son desatendidas y tiene poco o ningún control sobre cómo y cuándo puede responder a esas demandas. Su tiempo no es suyo. Usted hace todo el esfuerzo posible, pero se siente muy mal porque no está haciendo nada tan bien como quisiera.

Por lo tanto, el reto es incrementar su nivel de control, de modo que pueda responder eficazmente a esas demandas. No estamos proponiendo que las personas trabajen menos. De ningún modo. Si uno tiene cinco proyectos, *seguirá teniendo cinco proyectos*. Lo que proponemos es que todos nosotros, empleadores y empleados, reconozcamos que las demandas de las personas son cada vez más altas y, dado que esas demandas no se pueden satisfacer, entonces necesitamos dar más control a todos sobre cómo responder a ellas.

Si no da más control a las personas sobre cómo responder a las demandas de su trabajo y de su vida, no van a ser capaces de hacer su mejor contribución en ninguna de esas áreas. Y si no pueden hacerlo, usted tendrá un mundo semejante al que tenemos ahora, donde las personas son infelices e improductivas.

Afortunadamente, vivimos en una época en la cual esto es posible. Hoy la tecnología le da a la gente un increíble poder sobre el tiempo y la información. En nuestra vida personal, esto significa que no tenemos que esperar a que las tiendas abran para comprar algo. No tenemos que mirar nuestro programa favorito en el momento que se emite, ni bajar del monte Everest para hacer una llamada telefónica.

Sin embargo, en el ámbito laboral repentinamente tenemos que renunciar a todas estas opciones. Podemos ser activos, ágiles y poderosos en nuestra vida personal y, a pesar de eso, nos vemos obligados a ser lentos y mantenernos aferrados a la tradición en el trabajo. La tecnología *parece* haber cambiado las reglas del juego —las personas trabajan desde el hogar y hacen negocios a través de la BlackBerry todos los días de la semana durante las 24 horas—, pero todavía nos regimos por las reglas de la Era Industrial, las reglas de la planta de montaje y el servicio de mecanografía.

El ordenador portátil está en conflicto con el reloj de control.

No somos predicadoras de la tecnología. El Trabajo Orientado Exclusivamente por Resultados (ROWE) no consiste en las maravillas de la tecnología. Francamente, no podemos interesarnos menos por los dispositivos más recientes. Pero esto es lo que la tecnología *puede* permitirnos hacer, a pesar de que no estamos aprovechando plenamente sus ventajas.

Casi todas las personas van a trabajar a la misma hora todos los días, cuando podrían ser más eficaces trabajando en el hogar durante toda o una parte de la jornada. Usted come en su escritorio para *mostrar* que está disponible, cuando podría ser igualmente accesible si come su sándwich en el parque. Es castigado por no estar presente, cuando en muchas ocasiones ha estado presente sin hacer nada.

Perdemos mucho tiempo siguiendo estas viejas reglas de juego en el trabajo, aun cuando en nuestra vida personal hemos encontrado una mejor alternativa. Esto no significa que el tiempo y el espacio ya no son importantes, sino que importan menos. Tenemos las herramientas prácticas para satisfacer las demandas en nuestra vida. Sólo tenemos que cambiar nuestra mente.

Desafortunadamente, el hecho de saber por qué el trabajo es un agobio no es suficiente para cambiarlo. Si se libera de una cultura defectuosa todavía necesita hacer algo para reemplazarla. Esa nueva cultura es el Trabajo Orientado Exclusivamente por Resultados (ROWE), pero todavía no estamos preparados para vivir en un ROWE. Antes tenemos que cambiar todas esas actitudes obsoletas. Tenemos que cuestionar nuestras creencias, y empezar a liberarnos de los juicios y prejuicios que las acompañan. Todos esos comentarios negativos (Lodo) nos abruman, pero si las personas fueran incapaces de juzgarse mutuamente de acuerdo con esas creencias obsoletas acerca del trabajo y el tiempo, entonces no podrían mantener las viejas reglas. Si somos capaces de liberarnos del Lodo, entonces el trabajo no será un agobio.

Opiniones de un ROWE: Kara

Kara es diseñadora de la división punto-com. Tiene poco más de treinta y pico años y ha trabajado en Best Buy durante nueve años. Además, ha estado en un ROWE tres años.

Cuando mi equipo empezó a trabajar en un ROWE nuestra sesión de «Lodo» era algo reciente en nuestras mentes, y todos hacíamos chistes sobre el tema. Era una prueba de fuego. ¿Estábamos todos juntos en esto o no? ¿Este ROWE era una cosa real? ¿Alguien provocaría comentarios si se levantara del asiento para irse y la gente observaría la interacción? ¿Esa persona se sentiría culpable y volvería a sentarse, o se reiría y seguiría caminando? Si alguien no respondiera a un correo electrónico después de tres horas, ¿empezarían a gastarle bromas? ¿Esa persona se pondría a la defensiva, o se lo tomaría a risa y preguntaría qué necesitan de ella?

Esto continuó durante un tiempo, hasta que un día mi gerente se puso su abrigo para irse a su casa después del almuerzo. Ella cortó las bromas por lo sano y desafió nuestro Lodo (comentarios negativos). Éste fue el final de las bromas, ¡cuando comprendimos que ella era completamente responsable y que el ROWE era algo real! Éste fue un gran día. Si nuestra jefa podía hacerlo, entonces nosotros también lo haríamos.

Sin embargo, al principio fue frustrante ver que alguien se

iba de compras mientras yo estaba presionada con un plazo de entrega; hasta que, más tarde, esa misma persona estaba agobiada de trabajo y yo *salía* de compras. Yo no quería ser «enlodada» por mis compañeros de trabajo, y eso me obligaba a no criticarlos. Cuando mi colega me comentó que pasaría una tarde ayudando a su hijo, que jugaba en un equipo de béisbol, a practicar el lanzamiento de bolas curvas, le dije que eso me parecía maravilloso. Fue mi manera de hacerle saber que yo esperaba la misma reacción de él cuando hiciera uso de mi libertad. Todo mi equipo compartía esta mentalidad de apoyo, que era muy importante para suprimir los comentarios negativos del Lodo y crear un entorno ROWE propicio y eficaz.

Más tarde, comprendí que la gran diferencia entre mi equipo (donde no nos criticábamos mutuamente) y el equipo de la otra división (donde todos pasaban el día entero en la oficina) era nuestra gerente. Ella confiaba en nosotros. Ella veía que cumplíamos nuestros plazos, y también deseaba un equilibrio trabajo-vida personal para ella misma, y de ese modo suprimió los comentarios negativos a los que estábamos acostumbrados.

Además de una gerente que fomentaba y respaldaba el ROWE, yo tenía un equipo que realmente deseaba trabajar en un entorno semejante. Éramos francos y sinceros acerca de todos los retos que creaba el ROWE. En nuestras reuniones de equipo, teníamos discusiones frecuentes y honestas. Esto nos impedía convertir los comentarios irónicos del Lodo en una manera pasivamente agresiva de comunicar nuestras frustraciones.

El hecho de no tener que soportar el Lodo me permitió sentir que mi trabajo y mi vida estaban verdaderamente equilibrados. Todavía tengo esas semanas de tensión en las que quizás invierto más de 40 horas, pero ahora hay momentos en los que desconecto mi ordenador al mediodia y hago lo que deseo con mi tiempo, ¡libre del Lodo (y de la culpa)!

2

Esa cosa que llamamos Lodo

En el último capítulo hablamos de la necesidad de cambiar la naturaleza fundamental del trabajo, pero ¿no hay una solución más fácil? Al parecer, la gente piensa que la manera actual de trabajar es demasiado rígida y uniforme y que, si el entorno laboral fuera un poco menos estricto, la imagen negativa del trabajo y los problemas en torno al tiempo desaparecerían. Quizá las personas se sentirían con más control. ¿La respuesta no sería simplemente permitirles un poco más de flexibilidad? ¿El horario flexible o el trabajo desde el hogar no les darían lo que ellas necesitan?

No.

Nosotras no creemos que los acuerdos de trabajo flexible sean la solución. Nos parece deplorable ver a alguien que se siente frustrado después de suplicar, rogar, persuadir e intrigar para tener una semana laboral de cuatro días.

Pero el horario flexible es un desatino.

Las compañías no son estúpidas. Saben que necesitan decir que son flexibles para atraer talentos. Desafiamos al lector a encontrar una compañía importante que no tenga una sección sobre flexibilidad en su manual del empleado, una sección con rostros relajados y sonrientes, y promesas de entendimiento, libertad y control.

Sin embargo, cuando compara su idea de la flexibilidad con el punto de vista de su compañía, encuentra una gran brecha. Incluso las compañías con las mejores intenciones no pueden cumplir sus promesas, porque el horario flexible no resuelve el problema fundamental del trabajo. De hecho, los métodos tradicionales de trabajo alternativo son, en realidad, parte del problema.

Volvamos a considerar el caso de Addie, nuestra nueva y joven empleada. Addie hojea su manual del empleado y advierte que su compañía ofrece la opción de un acuerdo de trabajo flexible. Está entusiasmada. Si retirarse más temprano los viernes después de terminar su tarea no fuera aceptable de un modo informal, entonces quizás ella podría formalizar la flexibilidad apelando a la política de la compañía. Ella comprende que, si los viernes pudiera trabajar desde el hogar, entonces podría aprovechar su fin de semana mientras todavía satisface las necesidades de su equipo.

Pero la gerente responde a la idea con frialdad. En primer lugar, dice que ese programa está dirigido al personal que tiene una trayectoria demostrada en la compañía. Addie alega que, aun cuando ella sea nueva en la empresa, ha recibido múltiples felicitaciones por su trabajo. Además, declara que está dispuesta a responder a cualquier pregunta sobre su desempeño y, si surgen inconvenientes, hacer los cambios apropiados. La jefa de Addie reconoce de inmediato que cualquier acuerdo al que puedan llegar estaría indudablemente sometido a un examen permanente. «No podemos tener al personal afuera haciendo cualquier cosa», dice. Luego agrega que quizá sería mejor volver a considerar esta idea después que hayan completado la lista actual de proyectos. Addie insiste en que podría manejar todo eso sin inconvenientes. Y afirma que, con los mensajes de voz, el correo electrónico y el acceso remoto seguro al sistema informático de la compañía, su trabajo no sería diferente del que hace allí, presente. Su jefa le dice que ésa no es una buena idea. El personal ya está murmurando acerca de su actitud indulgente con el tiempo, y quizás Addie debería dedicarse con empeño durante algunos meses y mostrar a todos que está comprometida con la compañía mientras cumple un horario normal. Entonces podrían conversar. «Pero debo advertirte», dice la jefa de Addie. «Hay muchas personas antes que tú que pueden gozar de un beneficio como éste. Admitámoslo. Si te permito hacerlo, entonces tendré que dejar que todos lo hagan.»

La discusión de Addie con su jefa muestra los tres principales problemas con los acuerdos tradicionales de trabajo flexible. En primer lugar, casi siempre hay un acceso limitado que depende de la antigüedad en el puesto, el título o la descripción del trabajo. El horario flexible y el trabajo desde el hogar son para los gerentes y directores, no para los auxiliares administrativos ni para el personal nuevo. Son para las personas que tienen una tarea orientada al proyecto, pero no para los empleados que forman parte de un proceso diario, como los que trabajan en un *call center* o en una línea de servicio al cliente. Estos empleados de la «primera línea» no deben moverse de su asiento.

Ante todo, tiene que ganarse el derecho a una semana laboral de cuatro días. La flexibilidad con sus horarios o la capacidad para trabajar desde el hogar constituyen el tipo de beneficio máximo al que pueden aspirar aquellos que son tan eficaces y tan dotados que pueden burlarse de las convenciones y actuar conforme a sus propias ideas. Tiene que ganarse estos privilegios, aun cuando todo lo que está haciendo es pasar de los cinco días de ocho horas a los cuatro días de diez horas, aun cuando siga haciendo la misma tarea. Solamente las superestrellas pueden decidir cómo pasar su tiempo.

En segundo lugar, los acuerdos de trabajo flexible son condicionales. Constituyen un privilegio que se puede perder en cualquier momento, según las necesidades de la empresa, no del empleado. Tenemos una copia del folleto de una importante compañía informática que destaca su comprensión de las necesidades del personal de trabajar con más flexibilidad. (Se sabe lo que quieren decir, porque la tapa muestra la imagen de una pila de piedras colocadas una sobre otra para mostrar el equilibrio.) Pero cuanto más detenidamente se lee el folleto, más precaria parece esa pila de piedras. Los empleados todavía necesitan trabajar en las horas centrales de la jornada laboral; pueden perder su horario flexible si surge una necesidad empresarial; y la capacidad de cada persona para participar en el programa será evaluada en forma individual y estará sujeta a una revisión periódica para garantizar que las necesidades del empleado y de la compañía son satisfechas. En otras palabras: ¡flexible!

Pero el verdadero inconveniente es el precio que tiene que pagar por un acuerdo de trabajo flexible. Porque estos programas son, por definición, especiales. Cualquier persona que participa en un acuerdo de trabajo flexible tiene que afrontar las sospechas de su jefe («Ellos no trabajan en un horario normal, entonces, ¿cómo sé si cumplen al máximo con su trabajo?» «¿Cómo sé si están trabajando durante los días que no vienen aquí?») y la envidia de sus compañeros de trabajo.

¿Alguna vez ha oído a alguien en su oficina que elogie la ética laboral o los logros de un compañero en un programa flexible? ¿No es más probable que oiga comentarios negativos acerca de su compromiso o bromas sobre su disponibilidad, o incluso que advierta un odio declarado porque pueden hacer todo lo que desean?

Volvamos a la idea de que la «percepción es la realidad». En las compañías de todo el mundo, los empleados desechan los acuerdos de trabajo flexible por temor de cometer un suicidio profesional. Incluso algunos gerentes dirán que trabajar bajo este tipo de acuerdos no es la manera de progresar. Aun cuando la dirección promueva estos acuerdos, los empleados a menudo no los apoyan. Y si usted trabaja en una compañía relativamente progresista o en una empresa de nueva creación, o está trabajando de una manera no tradicional, todavía tiene que demostrar que hace algo más. Las personas se sienten obligadas a informar de sus progresos para justificar su ausencia, ya que en cualquier momento las viejas normas podrían volver a ponerlas en su sitio. ¿Vale esto la pena?

La razón de esto es que, si bien los acuerdos de trabajo flexible parecen dar control a las personas, su tarea todavía es evaluada de acuerdo con las viejas reglas del trabajo.

¿Y qué dicen esas viejas reglas?

Las personas que no trabajan en la oficina y, por lo tanto, no están físicamente disponibles todo el tiempo, en realidad, no están trabajando.

Las personas que trabajan desde el hogar, en realidad, no están trabajando porque el trabajo tiene lugar en una oficina.

Las personas que trabajan desde el hogar están abusando de la compañía porque ven la televisión y toman helados mientras se repantigan en una hamaca y no trabajan.

Finalmente, las personas que trabajan desde el hogar o cuatro días por semana no son fiables porque no están en la oficina donde podemos verlas trabajar. (O, como hemos visto, pueden aparentar que trabajan.)

El problema aquí es la confianza. Las personas necesitan ser dignas de confianza para hacer su trabajo. Necesitan ser fiables como adultos en el entorno de trabajo, como adultos que están dispuestos a hacer su trabajo. Todos saben lo que significa la confianza y los acuerdos de trabajo flexible no se basan en la confianza.

¡Confiamos en usted! (Pero durante nuestros periodos de trabajo intenso podemos pedirle que venga a la oficina los viernes para hacer su tarea aquí como todo el mundo.)

¡Confiamos en usted! (Pero volveremos a examinarlo en seis meses para asegurarnos de que este nuevo acuerdo es aplicable a todos.)

¡Confiamos en usted! (Pero no nos fiamos de Bob. Los programas como este sólo son para los empleados de la dirección y de nivel superior.)

Esto es lo que nosotras llamamos Estafa de la Flexibilidad y hace sentir desdichadas a las personas. Porque, si hay algo más grave que la desconfianza absoluta, es la desconfianza que se hace pasar por confianza. Para los empleados, es frustrante y desalentador tener que escuchar a la dirección que pretende confiar en ellos, mientras se comporta como si no confiara. No hay nada que nos haga sentir más privados de control que darnos la ilusión del control, mientras por debajo sólo hay demandas, demandas y demandas. En vez de encontrar una manera de hacer que el trabajo sea menos agobiante, los acuerdos de trabajo flexible refuerzan el statu quo. De hecho, el horario flexible puede hacer la vida más difícil.

Consideremos el caso de Addie y veremos que, de algún modo, ella supera las objeciones de su jefa, las reglas ocultas y los códigos secretos que hay detrás del programa de horario flexible de la compañía. ¿Cómo es su vida ahora? En cierta manera, ella descubre que es más consciente del tiempo y de la necesidad de estar presente para mostrar al personal que ella está trabajando. En lugar de la libertad y flexibilidad añorada, ahora hay un elemento más de insatisfacción con su trabajo. Ella oye cosas como éstas de su equipo y su gerente:

«No vamos a incluirte en la adopción de decisiones sobre este proyecto. Es demasiado importante y, dado que tú no estás aquí todos los días, no podemos correr el riesgo de perder agilidad.»

«Es realmente un inconveniente que no estés aquí todos los días. A veces tenemos que redoblar los esfuerzos para compensar tu ausencia.»

«Algunos viernes sería conveniente pasar por tu cubículo y hacerte una pregunta.»

Nadie puede señalar un fallo concreto de parte de Addie. Hace su tarea y cumple sus compromisos, y gracias a su teléfono móvil y al correo electrónico nunca ha perdido el ritmo. Pero todavía no tiene nada parecido a un día libre. No obtiene ningún reconocimiento por las horas que trabaja los viernes y, aunque consigue hacer su tarea, siente una mezcla de inquietud y culpa porque no está en la oficina. Sabe que el personal está murmurando a sus espaldas y, aún peor, se ha enterado de muchas de esas quejas. Si bien esos comentarios parecen inspirados por la envidia más que por una insatisfacción real con el trabajo que está haciendo, Addie imagina esas conversaciones en su mente y prepara una defensa de su conducta. Hace un esfuerzo extra para tener muchas ideas y perspectivas, de modo que, cuando alguien suelte un sarcástico «¡Oh, hoy estás aquí!», ella pueda responder con una idea genuina. La peor parte de todo esto para Addie es que pone en tela de juicio su competencia. Aun cuando todas estas insinuaciones se basan en las opiniones acerca del tiempo y las creencias sobre cómo se debe hacer el trabajo, ella las interpreta como críticas a su desempeño. Esto afecta a toda su vida.

En suma, se está hundiendo en el Lodo.

El tipo de censuras que Addie recibió de su jefa empezó después de los problemas que surgieron durante el Programa de Trabajo Alternativo (PTA). Si bien el PTA no era un verdadero entorno de Trabajo Orientado Exclusivamente por Resultados (ROWE), el poder que dio a los empleados para elegir sus horarios fue una novedad importante. Las 320 personas que participaron en el plan piloto informaron de que tenían menos estrés, un mayor compromiso y que eran más productivos. En general, se sentían más felices que nunca en el trabajo.

O, al menos, hasta que tuvieron que interactuar con otras personas de la compañía que no habían estado en el PTA. Cuando los empleados en el programa piloto trabajaban juntos, todo iba sobre ruedas. Ellos se habían adaptado a su nueva manera de trabajar, y sus gerentes los apoyaban. Pero una vez que salieron de la burbuja del PTA todos esos buenos sentimientos desaparecieron, porque el resto de la cultura no sólo les negaba su apoyo en lo que estaban haciendo, sino que incluso intentaba desalentarlos.

«¿Cómo esperas promover la venta minorista si nunca estás aquí?»

«Oh, estás metido en eso del horario flexible. ¿Cumples con tus obligaciones?»

«El PTA suena bien, pero nunca serás ascendido si no estás aquí, presente.»

Como las políticas de horario flexible en todo el país, el PTA resultó ser una gran máquina generadora de juicios. Pero esta vez la diferencia fue que reconocimos lo que estaba sucediendo. Desde el principio pudimos ver que, si queríamos que la idea de dar a las personas más control sobre su tiempo surtiera efecto, teníamos que trabajar con toda la compañía.

Cuando el PTA estaba llegando a su fin, Jody fue incorporada a la junta como agente de cambio empresarial, responsable de trabajar con Cali para llevar esta idea hasta el siguiente nivel. Los antecedentes laborales de Jody incluían haber trabajado en el equipo de Strategic Alliance, cuya responsabilidad era establecer asociaciones con otras compañías. Su función específica era desarrollar procesos para superar las diferencias culturales entre la compañía y sus socios de la alianza. Jody comprendió la importancia de introducir cambios reales en la cultura. Si intenta instruir a las personas para que se comporten de un modo diferente, sin abordar la cultura subyacente, estará perdido. Las reglas implícitas siempre se imponen a las reglas escritas.

Esto parece algo insignificante, pero como vimos en el último capítulo, la cultura no tiene que estar en un primer plano para ser poderosa. Cuando empezamos a discutir cómo podíamos convertir el PTA en algo más grande, reconocimos que el Lodo era la clave de todo. Siempre y cuando hubiera Lodo, el trabajo seguiría siendo agobiante. Pero si podemos poner en tela de juicio nuestras actitudes obsoletas acerca del tiempo y cómo se hace el trabajo —si somos capaces de erradicar el Lodo—, entonces podemos encontrar un nuevo modo de trabajar y de pensar acerca del trabajo.

Sin embargo, librarse del Lodo no siempre es fácil, y continúa siendo una meta (y a veces un reto) para las personas y equipos que participan en un ROWE. Pero su erradicación cambia todo.

¿Qué es exactamente el Lodo?

Cuando empezamos a abordar el tema en el capítulo anterior, definimos el Lodo como cualquier comentario negativo que sirve para afianzar las viejas ideas acerca de cómo se hace el trabajo. También lo hemos definido como una especie de código del status quo. No podemos dar la cara y decir lo que pensamos, por eso hacemos insinuaciones o comentarios negativos.

Alguien dice «¿Son las once y acabas de llegar?» porque no puede decir «¡Eso no es justo! Yo he llegado a las ocho como todos los demás».

Alguien dice «Otra vez de vacaciones. ¿Cuántos días de vacaciones tienes? ¡Yo no me he tomado vacaciones en cinco años!» porque no puede decir «Eres un holgazán. Solamente las personas que sacrifican su tiempo están comprometidas con su trabajo».

Alguien dice «No puedo creerlo. Toby consiguió ese ascenso ¡Pero si nunca está aquí!» porque no puede decir «Yo no lo conseguí. Todas las noches apago las luces en este lugar, entonces, ¿por qué no me toman en cuenta?»

Una de las cosas que hace tan peligroso el Lodo es que parece algo muy trivial. Entonces, ¿qué pasa si la gente hace chistes de vez en cuando sobre los empleados que llegan tarde o faltan a una reunión? ¿A quién le importa si los sentimientos de alguien son heridos? ¿Acaso la finalidad del trabajo es desarrollar la autoestima y hacernos sentir bien con nosotros mismos? Por eso se llama trabajo.

Quizá, pero consideremos esta historia. Cuando empezamos a aplicar el ROWE en toda la compañía, nuestra terminología y nuestros métodos de enseñanza no eran tan sofisticados. El Lodo no había sido definido todavía. No habíamos expresado totalmente nuestras ideas acerca del tiempo, las creencias y los juicios. Actuábamos por instinto, de forma improvisada. No teníamos ningún manual, pero sabíamos que debíamos concentrarnos en la cultura.

Hoy una sesión de Lodo dura una hora y media y cubrimos todos los diferentes tipos de comentarios negativos que verá más adelante. Sin embargo, cuando empezamos, las sesiones sólo duraban media hora y, antes de organizar la reunión, le pedíamos al personal que contribuyera de forma voluntaria con todos los comentarios negativos que los empleados solían hacerse mutuamente. (Invitamos al lector a que intente hacer esto con sus amigos.)

Un grupo que nunca olvidaremos dio con más de 100 comentarios (Lodo) en 20 minutos. Alguien empezó con una anécdota sobre las madres que trabajan y otras cinco personas aportaron sus comentarios. A continuación, se abordó el tema del personal novato y más tarde el de los trabajadores mayores. Después se habló de los fumadores, de las personas que trabajan desde el hogar y de los empleados que nunca asisten a las reuniones. Era como ver a un conjunto de músicos de jazz improvisando solos. Y lo más asombroso es que, después de la sesión, ninguna de las personas que estuvieron presentes pudo decir francamente que ese tipo de comentarios en el lugar de trabajo:

- son justificados,
- contribuyen al resultado final, o
- no son más que una distracción perniciosa del trabajo real inmediato.

Esta sesión también fue un punto crítico para el desarrollo del Trabajo Orientado Exclusivamente por Resultados (ROWE), porque empezamos a identificar ciertos temas. Los diferentes tipos de «Lodo» se adaptaban a las circunstancias. Hubo ocasiones en que las personas parecían estar preparadas para los comentarios (anticipación del Lodo). Otras veces representaban una elaborada pantomima para explicar por qué llegaban cinco minutos tarde y que ese día iban a hacer un esfuerzo extra (justificación del Lodo). Y hubo ocasiones especialmente escogidas en las que dos empleados o un grupo hicieron comentarios malintencionados sobre una persona que no estaba presente (Lodo-a-espaldas o Lodo-conspiración).

Cuando iniciamos la experiencia, les dijimos a los empleados que dejaran de juzgarse mutuamente. Les pedimos que pusieran un vaso en el salón de descanso: cada vez que alguien hacía un comentario negativo tenía que depositar 25 centavos de dólar en el vaso. Pero luego vimos que los diferentes tipos de Lodo debían ser erradicados de diferentes modos.

Sin embargo, antes de conseguir la erradicación, necesitábamos estudiar los diversos tipos de Lodo, porque tenían diferencias sutiles pero importantes.

La «anticipación del Lodo» es la preparación mental por la que todos pasamos si estamos esperando un comentario negativo. Digamos que usted es un empleado capaz y cualificado que no corre un peligro inmediato de perder su empleo, y llega quince minutos tarde al trabajo. ¿Simplemente no tiene remordimientos por su tardanza, o empieza a buscar excusas en su mente para explicar por qué ha llegado tarde? Si es como la mayoría de la gente —incluso en la compañía más centrada en los resultados—, es probable que trate de imaginar excusas diferentes. Se está anticipando a los comentarios malintencionados y quizá le preocupe un poco la reacción negativa de su jefe o de sus compañeros de trabajo. Aun cuando los comentarios que suscita son afables y moderados, todavía se sienten como un disparo.

Así pues, por un lado, el Lodo puede ser algo insignificante, una pequeña chanza, un chiste. Por otro lado, puede ser muy serio. Aunque sólo hiera ligeramente los sentimientos de alguien, todavía es negativo e indeseable. La «anticipación del Lodo» es una pérdida de tiempo y de energía, dos cosas que en la empresa y en la vida no abundan.

En el ejemplo arriba citado, ¿por qué el empleado capaz y cualificado está desperdiciando su tiempo y energía? ¿Para justificar unos miserables quince minutos? Aunque fuera una hora, ¿sería tan importante? Tan importante como podría ser su tarea, ya que la mayoría de nosotros no somos cardiocirujanos. El paciente no morirá en la mesa de operaciones aunque lleguemos a las ocho y media en lugar de a las ocho.

La característica más negativa de la anticipación del Lodo es cómo refuerza las viejas normas obsoletas. La anticipación del Lodo es lo que da lugar a una cultura del miedo, en la cual uno prefiere hacerse pasar por enfermo antes que ser severamente criticado por llegar tarde, o se pone nervioso a causa de un almuerzo demasiado prolongado, o se siente como un niño que ha hecho algo para fastidiar a sus padres, aunque no está seguro de cuál ha sido su falta.

Cada segundo que pasa anticipándose al Lodo, cada segundo que pasa buscando excusas por llegar tarde o por omitir una reunión no pertinente, está reforzando esa cultura del miedo. Lo más lamentable es que lo hacemos en perjuicio nuestro. Hemos internalizado tanto estas normas y expectativas que nos castigamos por llegar tarde, aunque nadie diga una palabra. Y cuando «entramos tan frescos» media hora tarde y nadie dice nada, ¿qué sentimos? ¡Alivio! Es como si hubiéramos salido impunes de algo. ¿De qué? Del tiempo que, francamente, no debería pertenecer a nadie más que a nosotros.

Por lo tanto, si el Lodo nos afecta personalmente más de lo que pensamos, ¿qué más hace en nuestras vidas? La anticipación del Lodo es innecesaria, pero nosotros sólo hemos empezado a consumir nuestro tiempo, el tiempo de los otros y el tiempo de nuestra compañía. Ahora entraremos en el campo de la justificación del Lodo.

Digamos que llega quince minutos tarde al trabajo y recibe una parte de ese Lodo. «¡Oh, miren quién está aquí!» En ese momento, tiene que justificarse, pero debido a las normas del trabajo y al hecho de que los empleados son juzgados en virtud del tiempo y las apariencias, no puede decir: «Sí, estoy aquí y he hecho un buen trabajo, entonces, ¿por qué se preocupan?» De ningún modo. Tiene que imaginar una excusa basada en el tiempo: se encontró en medio de un atasco de tráfico, hubo un accidente, su hijo no se sentía bien, vino el técnico de la televisión por cable y tuvo que dejarlo entrar, etc.

¿A quién le importa? Durante todo este intercambio usted y su compañero de trabajo están allí de pie, sin trabajar, desperdiciando todo ese tiempo en una conversación, ¿para qué? Cuando alguien le dice «¡Oh, miren quién está aquí!», está perdiendo su tiempo juzgándole y enlodándolo, y usted tiene que perder su tiempo defendiéndose. Quizá le diga una mentira piadosa, ya que las razones por las que llegamos tarde son generalmente tan insignificantes que no parecen bastante importantes para justificar nuestro mal comportamiento.

Además, este intercambio tiene consecuencias, ya que usted invierte más tiempo para deshacerse de esa persona, darse la vuelta, dirigirse a su escritorio y empezar su tarea. Supongamos que usted no es un empleado altamente productivo que está ultraseguro en su empleo. Digamos que es nuevo en la compañía o está en una división donde hay rumores de despido. Entonces, ¿cómo pasa la mañana? Si usted es como la mayoría de las personas, va a preocuparse por haber llegado quince minutos tarde. Podría pasar el resto del día meditando sobre las consecuencias de llegar tarde, y mientras piensa en eso no está concentrado en la tarea inmediata. De hecho, podría llegar temprano y quedarse hasta tarde durante los próximos dos o tres días, y tal vez sus compañeros adviertan que ahora está cumpliendo el horario.

Ha invertido todo ese tiempo y energía nada más que para reforzar un statu quo ineficaz.

Todo ese tiempo y energía perdidos por unos miserables minutos.

El problema con el Lodo es que no se requiere mucho para que tenga un impacto negativo en su jornada de trabajo. La cultura del Lodo puede crecer más agresivamente en una compañía que está luchando por sobrevivir, en una división que está atravesando un momento difícil con las operaciones actuales, o en un grupo con un liderazgo ineficaz o presiones intensas del mercado. Cuanto más se aferra una compañía a esas viejas actitudes acerca del tiempo y las apariencias, mayor es la tendencia a los comentarios negativos. Incluso puede llegar a ser una parte integral de cómo se relacionan las personas.

Nosotras llamamos a esto Lodo-a-espaldas, o si hay un número suficiente de personas, Lodo-conspiración. Éste es el tipo de cotilleo del que todos hemos sido testigos o en el que hemos participado. Uno puede oírlo casi todo el tiempo cuando las personas están juntas en el trabajo y la conversación pasa de las operaciones cotidianas de la empresa (o de lo que vieron en la televisión la noche pasada) a los comentarios sobre alguien que no está presente. La observación de Kara sobre cómo las otras personas de su departamento verían el hecho de haber conseguido el control de su tiempo no era una paranoia. Cada compañía tiene una persona, equipo o departamento que otras personas critican cuando no están allí.

«Esos empleados de informática están siempre holgazaneando. Deberían intentar hacer una tarea real, en lugar de perder el tiempo jugando en el ordenador todo el día.»

«Esos fumadores están casi siempre haciendo pausas. Creo que empezaré a fumar. Quizás acabe con un cáncer de pulmón, pero, al menos, no tendré que trabajar tanto.»

«Rick se está haciendo viejo; debería jubilarse y dejar su puesto a alguien que no tenga cien años.»

Consideremos estos ejemplos y pensemos en qué hay detrás de ellos. El primero sugiere que el trabajo que no incluye la interacción social con los clientes no es un verdadero trabajo. El segundo indica que el tiempo que uno pasa en su asiento es más importante que sus ideas. El último insinúa que las personas mayores no pueden ser eficaces, bajo ningún concepto. Pero cada uno de estos comentarios cumple una función más amplia. A su manera enferma y retorcida, el Lodo reúne a las personas. Éste es un tribalismo anticuado: usted está en mi tribu, esa persona no lo está. Cuando usted crea un Lodo-conspiración, está expresando: «Nosotros actuamos conforme a las reglas, somos buenos trabajadores. Esa persona no».

Cuando hacemos comentarios negativos en grupo, también estamos creando una máscara pública para nuestras propias deficiencias. Uno no tiene que ser responsable de los resultados, siempre y cuando cumpla con el horario. No tiene que ser competente si puede lograr que otro parezca incompetente. No necesita tener ideas si puede hacer que alguien parezca estúpido.

Cada conspiración refuerza estas malas conductas. Quizá se sienta temporalmente superior a otra persona por criticar sus hábitos de trabajo, pero no gana nada. Si algo consigue, es reforzar los barrotes de su prisión. Si habla mal de alguien que ha llegado quince minutos tarde, procure no llegar tarde usted también. O dejará de ser el «juez» para convertirse en el «enjuiciado».

El Lodo, incluso en pequeñas cantidades, nos hace menos eficaces. Podemos hacer una lista de lo que estos tipos de conductas causan en las empresas —reducen el compromiso, disminuyen la motivación, ralentizan la organización—, pero lo que realmente afectan es al sentido común:

Cuando hace comentarios malintencionados, los recibe o

70

se anticipa a ellos, no está contribuyendo al trabajo ni a su vida.

Cuando permitimos el Lodo, estamos aceptando y reforzando un entorno laboral que valora el tiempo y las apariencias sobre el verdadero logro. Si fuera juzgado y remunerado de acuerdo con su contribución real a la organización, entonces el tiempo y el lugar no serían un factor decisivo. Podría ser la persona del capítulo anterior que negociaba un acuerdo multimillonario en dólares en pijama y pantuflas. Pero mientras haya Lodo, se sentirá culpable por no estar en la oficina donde se lleva a cabo el «verdadero trabajo».

Mientras haya Lodo, nunca será libre.

Tenemos que erradicar el Lodo.

Una vez que toma conciencia de la existencia del Lodo, empieza a verlo en todas partes. Éste puede ser un sentimiento liberador, porque ahora tiene una palabra para definir algo que ya conocía acerca de su vida, pero no podía nombrar. Y el Lodo está en *todas partes*. Lo encuentra en su hogar, en el trabajo y con sus amigos. Empieza a ser consciente de todos los modos extraños e injustos de juzgar a la gente.

Esto concierne, en parte, a la naturaleza humana. Hay una cierta cantidad de Lodo que nunca desaparecerá, y cuando lo observe en su familia, su comunidad o el mundo de la política, quizá no encuentre una respuesta.

Pero el trabajo es diferente, en parte porque allí se espera profesionalidad. Aun cuando no actuemos del modo que realmente deberíamos hacerlo, se espera que seamos neutrales, objetivos, prudentes y justos. Esta expectativa es una de las pocas normas acerca del trabajo que es beneficiosa. La clave es hacer de esa norma algo más que palabrería. Y eso requiere la erradicación del Lodo.

Cuando las personas pasan de un entorno de trabajo tradicional a un ROWE, lo llamamos «migración». Esto empieza con un equipo en el que introducimos las ideas del tiempo, las creencias y los juicios. Les damos un lenguaje para que describan por qué el trabajo agobia. Introducimos el Lodo.

La razón de esto es muy simple: si no hubieran comentarios malintencionados, entonces sería más difícil (o incluso imposible) reforzar el statu quo. Si impide que las personas se juzguen a sí mismas y a los otros por el tiempo que están en la empresa, entonces es más difícil que usen el tiempo como una medida del desempeño. Si impide que la gente se juzgue a sí misma y a los otros por el trabajo aparente que hacen y cómo lo llevan a cabo, es más difícil que usen los comentarios malintencionados sobre el trabajo como medida del desempeño. Librarse del Lodo es el primer paso, el paso crucial, hacia la creación de un entorno de Trabajo Orientado Exclusivamente por Resultados.

Esto podría parecer una gran tarea. El comentario malintencionado lo penetra todo, es universal y, en algunos casos, incluso gracioso. ¿Cómo erradicarlo de todo el entorno laboral?

Lo primero que deben hacer las personas es refrenar el impulso que las mueve a lanzar Lodo sobre las demás. Sólo se trata de ser más conscientes de nuestra manera de juzgar a las personas en el trabajo. Todos somos diferentes. Algunas personas son obsesivas con las apariencias. Otras se concentran más en el tiempo. Usted tiene que descubrir su contribución al statu quo. ¿Está siempre mirando el reloj? ¿Repara en el horario de las otras personas? ¿Juzga las personalidades? Si se encuentra en una reunión, ¿supone que las personas que se quedan calladas y escuchan no están contribuyendo? (O a la inversa: a veces juzga a las personas abiertamente locuaces porque usan la conversación para ocultar que no tienen nada que añadir.)

Una vez que descubra cuáles son sus prejuicios, trate de considerar a las personas de un modo diferente. No estamos diciendo que debe ser simpático con todos o que tiene que ser una mejor persona. Sólo le estamos pidiendo que actúe como una mejor persona. Si va a juzgar a los demás, júzguelos por su desempeño, por su capacidad para cumplir los objetivos. Trate de ver la situación con perspectiva y detenidamente. (Siempre puede juzgar a las personas como incompetentes, pero tiene que ser por las razones correctas.) Suprimir los juicios negativos es muy factible. Sólo tiene que preguntarse: ¿Qué se necesita hacer? ¿Esta persona (o yo) cumple con las tareas encomendadas o no? Todo lo demás, como a qué hora entra, cuánto tiempo pasa en su escritorio, cuánto duran sus almuerzos, ya no es asunto suyo. Creemos que el hecho de descubrir esto será liberador.

¿Se acuerda del vaso para el Lodo que algunos equipos instalaron en la sala de descanso en los primeros días? Lo más curioso fue que el vaso se mantuvo generalmente vacío. Una vez que se identificó el Lodo y la gente supo qué era lo que estaba en juego (si podían liberarse del Lodo tendrían más libertad y control de su tiempo), nadie intentó juzgar. La gente pensó: «Aunque sólo se trate de veinticinco centavos de dólar, no quiero hacerlo. No quiero ser un pelmazo. Prefiero concentrarme en los resultados».

Desde luego, no podemos controlar la actitud de las otras personas hacia nosotros. Así pues, hay otra cosa de la que tenemos que liberarnos: la justificación del Lodo. Lo más sorprendente sobre la justificación del Lodo es que todas esas excusas que usted presenta, todas esas cosas que dice para demostrar que trabaja con dedicación («Sé que he llegado tarde, pero hoy trabajaré horas extras para compensarlo»), se pueden reemplazar con una pregunta:

«¿Hay algo que pueda hacer por ti?»

Si el jefe o un colega le hace un comentario malintencionado y le dice: «Al parecer, tu hijo se enferma muy a menudo. ¿No te preocupa que eso interfiera en tu carrera?»

Respóndale en un tono calmo y profesional, sin ponerse a la defensiva: «¿Hay algo que pueda hacer por ti?» O: «¿Necesitas que te ayude en alguna cosa?»

Si lo dice con sinceridad, si lo dice con la verdadera intención de ayudar a esa persona (en otras palabras, con la intención de hacer su tarea), descubrirá que el Lodo se detiene porque ahora, en lugar de expresar sus suposiciones erróneas, usted está hablando de lo que se necesita hacer. Ya no importa si su hijo está o no está interfiriendo en su carrera, sino lo que esa persona necesita específicamente de usted.

A menudo, descubrirá que esa persona en realidad no necesita nada. Sólo estaba expresando un sarcasmo.

Sin embargo, hay ocasiones en que alguien necesita algo, y usted debe dárselo. Si esa persona se queja de su disponibilidad, remítase al trabajo. «¿Has intentado llamarme o enviarme un correo electrónico?» O: «La fecha tope es el viernes. Estamos dentro del plazo. Pero si hay algo que necesitamos discutir, entonces hablemos sobre el tema».

Aquí, el propósito es dirigir la conversación hacia el trabajo. Aun cuando no lo reconozca, la otra persona desea tener una conversación basada en las normas. Está intentando dominar o controlar, y usa el tiempo y las creencias para determinar cómo se debe hacer el trabajo. En este caso, con una actitud calma y positiva puede volver a dirigir la conversación hacia su objetivo. Ignore los comentarios acerca del tiempo y la necesidad de estar físicamente presente, y converse solamente sobre el trabajo.

Comprendemos que esto no es fácil. Las personas nos dicen: «¿No es un poco brusco dirigir la conversación de ese modo? ¿No es una descortesía?» Al principio, la gente se siente culpable de presionar de este modo, especialmente si la persona que está juzgando desea o necesita algo. La gente todavía da más importancia a la disponibilidad que al desempeño.

Pero aunque parezca irónico, la descortesía es una respuesta a la persona que nos está preguntando por qué no entramos a las ocho como todo el mundo. Además, si se fastidia porque usted no está en su escritorio a esa hora quizá tenga una muy buena razón. Cuando usted dice: «¿Necesitas que te ayude con algo?», la planificación deficiente de esa persona queda en evidencia. Su planificación deficiente ha sido el motivo por el cual no ha conseguido el informe cuando lo necesitaba, no el hecho de que usted haya llegado tarde. (Y, como veremos en los próximos capítulos, no importa si la persona que juzga es su jefe. En el Trabajo Orientado Exclusivamente por Resultados, se respeta el tiempo de todos.)

Se sorprendería del efecto que este cambio de enfoque tiene en el entorno de trabajo. En los próximos capítulos, veremos cómo el hecho de no discutir sobre el tiempo hace que el ambiente laboral sea muy diferente. Las urgencias ya no parecen tales. Hay más planificación. Los problemas son realmente abordados, en lugar de ser apartados con la promesa de invertir más horas o quedarse hasta más tarde. Pasa más tiempo conversando sobre el trabajo real y, en consecuencia, se llevan a cabo más tareas. La atmósfera del entorno de trabajo también mejora porque es difícil juzgar a las personas a través de cosas irrelevantes cuando uno está concentrado en lo que hace.

Esta concentración en los resultados —a sabiendas de que usted puede desviar las observaciones malintencionadas con la frase oportuna «¿Puedo ayudarte?»— hace mucho más fácil anticiparnos al surgimiento del Lodo. Porque lo que realmente debería preguntarse no es «¿Qué tipo de excusa puedo dar?», sino «¿Estoy haciendo mi tarea?», y no sólo cuando llega tarde. Si usted contribuye y responde a las expectativas, nadie debería recriminarle nada.

Finalmente, necesita librarse del Lodo-a-espaldas y evitar las conspiraciones. Esto puede ser difícil. Sería fácil decir que todo lo que debe hacer es, simplemente, no participar. Pero los empleados necesitan relacionarse en un entorno laboral y los compañeros mordaces procuran ser incluidos en la conversación. Muchos suelen decir cosas graciosas acerca de los otros y puede ser difícil contener la risa. Además, es incómodo pedirle a los otros que se abstengan de hacer comentarios negativos, pero eso es lo que usted necesita hacer.

Si alguien hace un comentario acerca del horario, uno debe dirigir la conversación hacia el trabajo.

Si alguien dice: «Jan siempre está haciendo pausas. Nunca está aquí cuando la necesitamos», usted puede responder: «No he reparado en eso. Ella siempre me entrega su trabajo cuando lo necesito». O: «¿Has hablado con Jan sobre lo que necesitas?» O: «¿Necesitas algo que Jan no te ha proporcionado? Quizá pueda ayudarte yo».

No obstante, si Jan no está haciendo su trabajo, entonces la idea no es cubrirla por su incompetencia, sino erradicar el Lodo para concentrarse en el trabajo, no en el tiempo. Si Jan no cumple con sus tareas, una semana de 60 horas de trabajo no va a solucionar el problema. ¿Quizás hay otro problema, un problema de formación o de falta de comunicación, por ejemplo? Pero mientras sigamos juzgando a las personas por el horario, nunca lo sabremos. Si se concentra en la tarea, no sólo eliminará los comentarios malintencionados, sino que también podría averiguar por qué Jan no está haciendo su trabajo.

Concéntrese siempre en el trabajo. Esto erradicará el Lodo en casi todos los casos. Si se concentra en la tarea, entonces no puede atacar a las otras personas, no puede confabularse contra sus compañeros y no puede castigarse a sí mismo.

En un entorno de trabajo basado en el juicio negativo (el Lodo), se dice:

No estás comprometido.
Solamente serás evaluado en virtud de las horas que pasas en el lugar de trabajo.
No eres fiable para trabajar sin supervisión.
No eres digno de respeto.

En un entorno de trabajo concentrado en los resultados, se dice:

Dejemos de hacer acusaciones y resolvamos el problema.
No nos dejemos atrapar por los comentarios malintencionados y llevemos a cabo la tarea.
Aquí no hay tiempo para estas tonterías. Tenemos que hacer el trabajo.

No hay Lodo.

Opiniones de un ROWE: Phil

Phil es especialista en mejora de procesos y Black Belt Seis Sigma. Tiene cuarenta y pico años y ha estado en un ROWE durante tres años y medio.

Hay quienes erróneamente piensan que el Trabajo Orientado Exclusivamente por Resultados trata de que el personal disponga de más tiempo para pasar con sus hijos. Un ROWE no consiste en tener más tiempo, ni más horas libres. Quizá no trabaje menos horas. Tal vez incluso trabaje más, pero lo hará de acuerdo con sus propios términos.

Yo veo al ROWE como una concentración intensa en los resultados empresariales. Uno se concentra en los resultados de la empresa e ignora lo que no es pertinente. Por lo general, cuando las personas se refieren al ROWE, hablan sobre el calendario. Eso es lo último que se me ocurre. Cuando uno finalmente deja de hablar del calendario, es que por fin ha asimilado la perspectiva del ROWE: porque está verdaderamente concentrado en los resultados.

La cultura laboral induce a la gente a hacer y decir cosas que no producen resultados. La perspectiva del ROWE es muy diferente. En un ROWE, hago todo lo que es apropiado para el cliente. Si soy un buen empleado, entonces haré lo que considero correcto. Hago lo que mi cultura personal dice que es correcto, no lo que dice la cultura de la compañía. En las corporaciones estadounidenses, las personas no tienen derecho de expresar lo que piensan sobre la mejor manera de llevar a cabo la tarea. Se les da una descripción del trabajo y el horario que deben cumplir, pero no tienen el derecho de opinar sobre lo que su cliente necesita o desea. Su cultura laboral les impide hacer y decir las cosas que producirán resultados.

Hoy estuve en una reunión y dije que, si hubiera tomado nota de todo lo que había oído que se quería lograr, habría escrito 46 metas. Mi compañero de trabajo dijo: «¿Qué tiene de malo eso?» Tenemos que dejar de engañarnos a nosotros mismos. Tenemos que renunciar a la idea de abarcarlo todo. Se supone que uno es todo para todo el mundo. Y luego, cuando se ve obligado a limitarse a aquello que es realmente importante, es un fracaso. La realidad se percibe como un fracaso.

Para mí, la ventaja de un ROWE es que se eliminan todos esos elementos, como las 46 metas, que interfieren en el buen trabajo que usted podría estar haciendo. Es necesario revisar la lista de lo que es posible hacer este año y tratar de hacerla más breve. Tenemos que dejar de engañarnos y concentrarnos en el cliente. De repente, en un ROWE, todos los tipos de capacidades adicionales aparecen en el calendario porque usted está concentrado en los resultados. Así es un ROWE. Uno tiene más opciones y más control sobre la persona para la que se supone que está trabajando: el cliente.

3

El trabajo Orientado Exclusivamente por Resultados

En las primeras etapas de desarrollo del ROWE, no éramos tan conscientes como lo somos hoy de cómo un entorno semejante concentra la atención en los resultados empresariales. De hecho, durante la primera fase de formación, cuando aproximadamente el 30 por ciento de los empleados de Best Buy habían migrado al ROWE, todavía teníamos muy en cuenta el calendario.

En 2004, ayudamos a definir el ROWE usando un ejercicio de calendario. Dependiendo de quién de nosotras dirigía la sesión, colgábamos de la pared un mes elegido al azar y luego le pedíamos al personal que eligiera cuándo prefería trabajar en el edificio y cuándo fuera del edificio, y qué días no iba a trabajar. Dimos un rotulador rojo, uno verde y otro amarillo a cada empleado, y les pedimos que hicieran una marca sobre el día en que no estarían trabajando (rojo), el día en que trabajarían fuera del edificio (amarillo) y el día en que trabajarían en el edificio (verde). Les dijimos a todos: «Hagan lo que más les apetezca. Pueden decidir no trabajar un miércoles, o trabajar en el edificio un domingo. Siempre y cuando el trabajo se lleve a cabo, el resto lo deciden ustedes».

Después de que una docena de personas pusieron sus marcas en el calendario, todos dimos un paso atrás y consideramos el gran cuadro. Un cínico podría haber pensado que todo

81

el calendario se llenaría de marcas rojas, pero eso no sucedió. Aunque esto fue sólo un ejercicio, las personas no abusaron de la idea. Había muchas marcas verdes y amarillas y, cuando retrocedimos y observamos el mes entero, de inmediato advertimos dos cosas. En primer lugar, no había ningún momento en que no estuvieran trabajando. Siempre había personal haciendo su tarea. Para muchos gerentes en la sala esto fue un alivio y, para algunos, incluso el vislumbre de una oportunidad. En una economía en constante actividad, podría ser una gran ventaja tener personas que resuelven los problemas y desarrollan sus tareas durante todo el mes.

Los empleados también vieron que podían sentirse cómodos trabajando de un modo no tradicional. Algunos pusieron una marca roja sobre un jueves, pero en ese jueves había muchas marcas verdes y amarillas de sus compañeros. No tenían que sentirse culpables de «estar ausentes» un jueves, porque había otras personas trabajando. Tendrían la ocasión de hacer su tarea otro día.

El ejercicio del calendario también dio lugar a ciertas preguntas desafiantes que trascendían las fronteras de nuestras creencias sobre el trabajo. Por ejemplo, les preguntamos a los empleados si al poner una marca roja sobre un miércoles debían restar un día de sus vacaciones. Algunos dudaban y luego alguien decía: «No. Siempre y cuando la tarea se lleve a cabo, eso no importa». O les preguntamos si al estar trabajando en casa un lunes necesitaban indicar que estaban ausentes en su correo electrónico de la oficina. Una vez más, dudaron y luego alguien dijo: «No. Siempre y cuando tenga mi móvil y acceso al correo electrónico, no importa dónde me encuentre. Yo estoy trabajando y la gente puede comunicarse conmigo. Por lo tanto, ¿a quién le importa dónde estoy?»

Conversaciones de este tipo nos ayudaron a formalizar nuestras ideas acerca del tiempo, las creencias y los juicios.

Cuanto más avanzamos en el ejercicio del calendario, más llegamos a comprender a qué se refería Phil en su historia. Empezábamos con el tiempo, pero, finalmente, la conversación giraba en torno al trabajo.

De hecho, a medida que aumentaba el número de personas que migraban desde el entorno de trabajo tradicional al ROWE, empezó a correr la voz a través de Best Buy. Los empleados iniciaban las sesiones de formación con preguntas más inteligentes. Comenzamos a presionarlos para que cuestionaran sus suposiciones, pero entonces ellos nos obligaron a cuestionar nuestras propias creencias.

El personal empezó a poner marcas rojas, amarillas y verdes en el mismo día. Además, reconocieron que nunca había un día en que no pensaran en el trabajo de algún modo. Pronto vieron que el control total de su tiempo no se podía limitar a días. Tenía que ser suficientemente fluido para trabajar durante toda la jornada. Querían levantarse y responder a los correos electrónicos a las 6:00. Luego tener la mañana libre para pasar un rato con sus hijos y acudir a la oficina por la tarde para asistir a una reunión. Después querían ir a ver una película y terminar la tarea por la noche. Deseaban un control total.

Los empleados no querían que los valores fundamentales y la identidad de la compañía cambiaran, pero, a medida que la cultura laboral empezó a cambiar, reconocimos que nuestro mensaje y nuestros métodos debían evolucionar.

En esos primeros días, definimos y le pusimos nombre a nuestro entorno de Trabajo *Orientado* Exclusivamente por Resultados (ROWE). Pero el calendario siempre cambiante nos mostró que «orientado» no expresaba con suficiente claridad la idea. Los acuerdos de trabajo flexible están «orientados» a la capacitación del empleado, pero cuando se ponen en práctica todavía responden al viejo esquema de las jerarquías, las cadenas de mando y el modelo militar de la gestión. Después de haber implementado un ROWE en Best Buy durante un año o dos, comprendimos que el único modo de que esta idea surtiera efecto era crear un entorno de Trabajo Orientado Exclusivamente por Resultados. En otras palabras, todos usan los resultados y *exclusivamente* los resultados para medir el desempeño y la productividad en el lugar de trabajo. Si el personal estaba dispuesto a tener el control total de su tiempo, la única medida posible podían ser los resultados. Finalmente, esto nos condujo a lo que llegaría a ser la más simple definición de un entorno de Trabajo Orientado Exclusivamente por Resultados:

Cada persona es libre de hacer lo que quiera, cuando quiera, siempre y cuando la tarea se lleve a cabo.

Consideremos la primera parte de esta definición: «Cada persona es libre de hacer lo que quiera, cuando quiera». ¿Qué significa esto?

La analogía más próxima es la facultad. En la facultad, sabe qué tiene que hacer para aprender y obtener buenas calificaciones. Tiene que ir a clase, estudiar las materias y puntuar bien en los exámenes escritos o en los laboratorios. Todo depende del grado al que puede aspirar, del esfuerzo que hace, del tipo de actividades extracurriculares que elige, del nivel de compromiso que desea tener con la investigación de su profesor en los trabajos internos del departamento. Dependiendo de lo que desea fuera de la facultad, podrá ser más selectivo acerca del tipo de personas con las que se relaciona.

Un estudiante de la facultad tiene un control completo sobre cuándo y cómo hacer su trabajo. Hay reglas empíricas, pero, en última instancia, todo es responsabilidad del alumno. Uno aprende muy rápido que beber todas las noches con los gandules de la facultad no es probablemente el mejor medio para conseguir una alta calificación. Además, nadie está mirando por encima de su hombro mientras usted lee su libro de texto y dice: «¡Estudia esto! ¡No, espera! ¡Estudia aquello!» Incluso las clases, que *parecen* obligatorias, son en realidad opcionales. (Si bien no es aconsejable faltar a todas sus clases, finalmente es una decisión suya.) Por otra parte, se espera que sea honesto y justo en su trato con la facultad y con los otros estudiantes. El hecho de poder elegir lo que desea hacer y cuándo lo desea hacer, no significa que pueda mentir, hacer trampas y robar. Aun cuando haya libertad, todavía existen reglas.

Quizás una de las cosas más difíciles de la facultad es que, por primera vez en su vida, uno depende de sí mismo para determinar qué es importante, cómo estudia mejor y cuáles son sus fortalezas y debilidades como lector, escritor y pensador. Pero eso también es el atractivo de la facultad. Usted elige los resultados, y luego adopta las conductas y actitudes que producirán esos resultados.

Esto es lo que ocurre con el Trabajo Orientado Exclusivamente por Resultados. Si obtiene resultados, entonces todo lo demás que haga con su tiempo es una responsabilidad completamente suya. Los aspectos relacionados con el trabajo como dónde tiene lugar y durante cuántas horas ya no son importantes. Uno trabaja cuándo y cómo le resulta mejor. Tiene un control absoluto.

Como en la facultad, también hay expectativas más amplias. Se es parte de un equipo, de una división y de una compañía. Si elige jugar a la pelota en el aparcamiento de la empresa y hace el mínimo esfuerzo en el trabajo, entonces, en lugar de recibir una reprimenda del decano, podría ser despedido.

Esta idea de dar libertad para elegir cómo trabajar hace sentir incómodas a muchas personas. Cómo hemos visto, para la dirección puede ser difícil perder este tipo de control sobre sus empleados. Muchas personas reaccionan visceralmente a esta idea y alegan que es un cambio demasiado radical. Si le da al personal un control total sobre el trabajo que lleva a cabo, eso significa renunciar al viejo modelo de trabajo. Éste es exactamente el objetivo de un ROWE, aunque para algunas personas no es fácil aceptarlo.

Por ejemplo, consideremos el siguiente comentario en la Red que fue escrito en respuesta a un artículo de portada de *Business Week* acerca del ROWE. El comentario, escrito bajo el seudónimo de Sheezheer, expresa que cierta flexibilidad es conveniente, pero el control completo del empleado sería el caos:

«Tenemos las mismas opciones, si bien no tan extremas. Éstos no son conceptos nuevos, sino nuevos niveles. Tenemos el trabajo compartido, el horario flexible, podemos trabajar desde el hogar de vez en cuando, llegar tarde, retirarnos temprano, etc., siempre y cuando eso no afecte negativamente al rendimiento. La presencia física en la oficina está justificada casi siempre para evitar los costes adicionales y coordinar la información en los grupos, pero no se requiere todo el tiempo. Este nivel de flexibilidad debería ser un PRIVILEGIO (para las personas de efectividad probada), no un DERECHO» (las mayúsculas son del autor/a).

¿No le parece que *privilegio* es una palabra ridícula? ¿Acaso no es la palabra que usamos con los niños cuando sentimos la necesidad de recordarles quién tiene el control? Haz tus deberes chaval, o no habrá ninguna consola Xbox. ¡Los videojuegos son un privilegio, no un derecho!

De acuerdo con Sheezheer, la situación de trabajo ideal todavía tiene lugar en la oficina, en las reuniones, en el espacio físico. En otras palabras, volvemos a la idea de que, dado que la compañía posee el producto de su trabajo, también es dueña de su tiempo. Ella controla dónde y cuándo estará usted. Un poco de flexibilidad es conveniente, dice el autor, pero demasiada flexibilidad puede ser «excesiva». Esto significa que necesita ser excepcional para que lo traten como un adulto.

También volvemos a la Estafa de la Flexibilidad. De hecho, como muestra la tabla siguiente, una manera de definir el entorno de Trabajo Orientado Exclusivamente por Resultados es mostrar lo que no es, por ejemplo, un horario flexible. En un ROWE, el control del empleado no es un privilegio, es la norma.

Acuerdo de trabajo flexible	Trabajo Orientado Exclusivamente por Resultados
Se requiere autorización	No se necesita ningún permiso
Opciones limitadas-inflexibles	Opciones ilimitadas-fluidas
Control de la dirección	Control del empleado
Requiere políticas/directrices	Requiere responsabilidades/metas claras
Centrado en el «tiempo ausente»	Centrado en los «resultados»
Alta demanda/bajo control	Alta demanda/alto control

Existe el concepto erróneo de que sólo porque un gerente le permite a un empleado acudir a una cita con el dentista el trabajo es flexible. Eso no es un trabajo flexible en absoluto. En realidad, el ROWE está poniendo la libertad y el poder en manos de los empleados para determinar cómo y cuándo trabajan mejor. Un entorno de Trabajo Orientado Exclusivamente por Resultados consiste en reconocer y actuar conforme a la necesidad del personal de tener más control sobre sus vidas y responder a *todas* las demandas de sus vidas.

En otras palabras, no importa hasta qué punto sea flexible un horario no tradicional, todavía sigue siendo un horario. El *horario flexible* es un oxímoron. Por eso en un ROWE no hay horarios.

¿Cómo puede ser posible esto? A nadie le gusta el Lodo, pero ¿qué pasa cuando el statu quo empieza a fallar? Si ya no aplico las reglas del tiempo conmigo mismo y con las otras personas, si soy realmente libre para hacer lo que quiero (y usted lo es; no se trata de un engaño), ¿cómo mido mi desempeño? ¿Cómo juzgará mi trabajo el gerente? ¿Qué se supone que debo hacer con mi tiempo?

Estos problemas son abordados en la segunda mitad de la definición de un ROWE: «siempre y cuando el trabajo se lleve a cabo».

Ésta no es una frase insignificante. Como dijimos en el anterior capítulo, el Trabajo Orientado Exclusivamente por Resultados no consiste en trabajar menos o hacer desaparecer el trabajo. Si todavía tiene esos cinco proyectos, en lugar de medir su desempeño de acuerdo con el resultado de esos proyectos, el poco tiempo que está en la oficina, su cumplimiento del horario y las lisonjas dirigidas a su jefe, será evaluado únicamente por los resultados. Si hace un buen trabajo, entonces será remunerado y ascendido de acuerdo con la tarea que hace y nada más. Coincidimos con la idea de Phil de ser realistas con lo que podemos hacer y luego concentrarnos intensamente en los resultados de la empresa.

Hay escépticos que dirán que su entorno de trabajo ya es así. Desde luego, no pretendemos haber inventado esta idea de que el trabajo se basa en los resultados. Hay un gran número de compañías que se concentran principalmente en los resultados. También hay gerentes dentro de las empresas más grandes y más rígidas que no reparan en los horarios, siempre y cuando el personal se concentre en los resultados. Incluso hay profesiones, como la de ventas, que permiten una autonomía casi total a sus trabajadores, siempre que respondan a sus metas mensuales.

Desafiamos a cualquier empresa a que nos diga hasta qué

punto adopta concienzudamente un enfoque centrado sólo en los resultados. ¿La organización, aunque sea en pequeña medida, todavía premia (o castiga) al personal, incluso de un modo sutil, de acuerdo con el tiempo? ¿Hay horas centrales? Si no está produciendo lo suficiente, ¿su gerente le sugiere que dedique más tiempo al trabajo? ¿Sus compañeros de trabajo se juzgan mutuamente controlando las horas que están en la oficina? Finalmente, ¿*todos* en la organización trabajan en un modelo centrado únicamente en los resultados?

Lo más curioso acerca de estas creencias es que, a menudo, ni siquiera sabemos que las tenemos. En una ocasión, hablamos con un grupo de empleados de alto nivel en una de las 100 compañías Fortune. Para demostrar la influencia que tienen las reglas implícitas de una cultura y que son parte de un sistema cultural más amplio del trabajo, les preguntamos cuál era la hora de entrada «puntual» en la compañía.

Dado que ellos estaban informados sobre el ROWE, ya se habían anticipado a nuestro juego. Dijeron: «Podemos entrar en cualquier momento». Algunos fueron un poco presumidos al respecto y contestaron: «Verá, nosotros somos flexibles».

Pero luego les preguntamos: «¿Todos en esta compañía pueden entrar cuando quieren, como hacen ustedes?» Esto los hizo reaccionar y entonces admitieron que no todos podían entrar cuando deseaban. Cuando les preguntamos otra vez cuál era el horario de entrada, todos conocían la hora exacta. Lo mismo fue válido para lo que se consideraba retirarse «temprano». Dado que eran empleados de alto nivel, las reglas no se aplicaban a ellos (que habían «ganado» libertad y confianza), pero, indudablemente, había que tener en cuenta la regla implícita del reloj o sufrir las consecuencias.

El Trabajo Orientado Exclusivamente por Resultados se aplica a toda una compañía. En Best Buy, el ROWE no sólo es para los más productivos o los directores, ni desaparece durante la temporada de mayor actividad, se aplica a todo el personal, todo el tiempo. Se centra en cómo llevar a cabo el trabajo.

En un ROWE, uno deja de pagar al personal por un espacio de tiempo y empieza a pagarle por los resultados.

«Siempre y cuando el trabajo se lleve a cabo» es una condición absolutamente necesaria. La tarea del empleador es crear metas y expectativas muy claras. No nos referimos a la descripción del trabajo, que, francamente, sólo proporciona las expectativas más básicas de lo que se supone que un empleado debe hacer, sino a las expectativas claras de lo que es necesario hacer cada día, cada semana, cada mes y cada año. Luego le corresponde al empleado, con la orientación y guía de la dirección, responder a esas metas y expectativas. Si surgen problemas o retos a lo largo del camino, es el trabajo —y no las horas trabajadas o la imagen que está dando el empleado— lo que se somete a examen. Se espera que los trabajadores contribuyan con todas sus capacidades para alcanzar sus metas. Y los empleadores confían en que el trabajo se llevará a cabo. Todo lo que no esté relacionado con la tarea inmediata desaparece.

Por ejemplo, una pregunta que nos hacen a menudo cuando conversamos con el personal es qué sucede si alguien lleva a cabo su tarea en 36 horas, en lugar de en 40 horas. ¿Esa persona debe pedir otra tarea para cubrir esas cuatro horas de trabajo? ¿El gerente debería asignarle más trabajo para esas cuatro horas?

La respuesta no es ni una ni otra opción porque su desempeño no se está juzgando por el tiempo trabajado. Usted será remunerado de acuerdo con los resultados. Por consiguiente, en un ROWE abordamos el trabajo de un modo diferente porque, en lugar de ser castigados por haber hecho el trabajo más rápida o más eficientemente, somos premiados.

La pregunta correcta que uno debe hacerse en un ROWE, cuando está en la mitad de la semana, de la jornada o de un proyecto, es: «¿Estoy haciendo lo que necesito para alcanzar mis metas?» Si la respuesta es afirmativa, entonces se está bien encaminado. Si la respuesta es negativa, empiece a preguntarse: «¿Qué necesito hacer?» Esto produce los efectos opuestos al Lodo. Si está concentrado en los resultados y en conseguirlos, entonces necesita tener un control de su tiempo. ¿Es capaz de conseguir esos resultados en 36 horas? Mejor para usted. Vístase con ropas típicas del Renacimiento. Lleve a sus hijos a ver una película. Salve al mundo. Ha hecho su trabajo y a nadie le importa cómo usó su tiempo.*

Reconocemos que esto se parece a un helado servido en fuentes doradas por unos duendecillos mágicos. A menudo, cuando presentamos esta idea, la gente nos dice que ser capaz de hacer lo que uno desea y cuando lo desea, siempre que el trabajo se lleve a cabo, es una magnífica propuesta, pero que jamás po-

---

* Un ROWE es ligeramente diferente del personal que trabaja por horas en un entorno institucional corporativo. Estos empleados no tienen horarios de trabajo y son libres de hacer lo que desean, cuando lo desean, siempre que lleven a cabo su trabajo. Por lo tanto, pueden trabajar durante una hora a las diez de la noche, o desde su casa durante toda o una parte de la semana. No obstante, tienen un control del horario. Desafortunadamente, debido a los reglamentos del Departamento de Trabajo, los empleados que trabajan por horas todavía tienen que registrar el tiempo para ser remunerados. Nosotras pensamos que esta medida es estúpida y obsoleta. El hecho de tener que registrar el tiempo, aun cuando estamos produciendo resultados, nos hace sentir ciudadanos de segunda categoría. Esto no es bueno para las personas y, en una economía del conocimiento, tampoco es bueno para la empresa. Creemos que, finalmente, el Departamento de Trabajo tendrá que cambiar sus leyes para ponerse al día con las nuevas realidades de la economía global, pero, por ahora, así es como estos empleados experimentan un ROWE.

dría ocurrir donde ellos trabajan. Dicen que si fuera posible trabajar de este modo no habría ninguna organización —especialmente su organización— dispuesta a hacer este enorme cambio. A pesar de su atractivo, esta idea no parece posible. Es difícil imaginar a una persona anónima que entre con un traje y una maleta de viaje en una sala de conferencias y enseñe este nuevo modo de trabajar como si fuera una técnica de ventas o de un método para la administración del tiempo.

Esto es cierto en gran parte: el Trabajo Orientado Exclusivamente por Resultados no se puede crear a la manera tradicional. Un hombre o una mujer con una maleta de viaje pueden *iniciar* el proceso de la transición desde un entorno tradicional a un ROWE, pero no pueden obligar a una organización a adoptar esta perspectiva.

Al mismo tiempo, le sorprendería saber lo que las personas pueden hacer y hasta qué punto están dispuestas a efectuar el cambio si se les da la oportunidad. Porque hay un hecho innegable acerca del ROWE: muchas personas querrían trabajar de este modo. Querrían ser juzgadas por el desempeño de su trabajo, no por las políticas. Querrían tener más libertad en sus empleos y dar a sus compañeros o empleados más libertad para hacer sus tareas. Por lo tanto, la pregunta crucial es: ¿Cómo?

A primera vista, la transición desde un ambiente de trabajo tradicional al Trabajo Orientado Exclusivamente por Resultados parece muy compleja. En vista de cómo se producen los cambios en el mundo empresarial estadounidense, puede imaginar horas y horas de entrenamiento, pilas de folletos y correos electrónicos de la dirección para asegurarse de que todos van al paso del nuevo entorno, y así sucesivamente. En otras palabras, no valdría la pena.

En realidad, ocurre todo lo contrario, y para darle un ejemplo de lo que es la transición a un ROWE, le ofrecemos la siguiente historia sobre la basura en las vías públicas de Estados Unidos.

Hubo una época en que era perfectamente normal terminar de beber un refresco y arrojar la lata vacía por la ventanilla del automóvil, mientras uno iba a toda velocidad por la carretera 66. A mediados del siglo pasado todo el mundo tiraba la basura en la vía pública, porque hacer eso era socialmente aceptable. Luego, en 1953, nació la organización medioambiental Keep America Beautiful (KAB), y después de años de ser una importante organización comunitaria de limpieza, en gran parte ignorada, creó el famoso anuncio «Crying Indian». Junto con la campaña «Dé un bocinazo, no contamine», lanzada por el Servicio Forestal del Departamento de Agricultura de Estados Unidos en 1970, el anuncio de KAB ayudó a cambiar la opinión pública. Obviamente, la gente todavía arrojaba basura (y aún hoy lo hace), pero muchos dejaron de hacerlo. Y no sólo consiguieron detener ese impulso, sino que también enseñaron, alentaron y a veces arengaron a otras personas para que dejaran de arrojar basura en la vía pública. Hoy uno puede tirar un palo de helado en la calle y quedar impune, pero seguramente se sentirá muy mal.

Este simple cambio en la opinión pública ha tenido efectos profundos. No tendríamos programas como *Adopte una autopista* sin este cambio en las actitudes de la gente. Sin el mismo, no podríamos tener una discusión tan apasionada sobre el medio ambiente como la que tenemos ahora. No tendríamos adolescentes con problemas prestando servicios comunitarios con monos color naranja en los arcenes de las carreteras. Tampoco habría niños pidiendo a sus padres hacer un mejor trabajo de reciclado.

En el caso de la basura, los anuncios de Servicio Público fueron los catalizadores, pero le correspondió a la cultura adaptarse al nuevo modo de pensar. Ninguno de los responsables de esas campañas publicitarias a comienzos de la década de 1970 podría haber imaginado que llegaríamos donde estamos ahora. Pero tuvieron una visión de cómo la gente debería tratar el medio ambiente y empezaron con algo simple y factible que se desarrolló a partir de entonces.

Ésta es la naturaleza del cambio adaptativo (no planificado). Uno empieza con una meta deseada y luego se abre camino hacia esa meta, sin importar adónde lo puede llevar ese proceso.

El cambio adaptativo no es lo que uno puede encontrar en el mundo empresarial estadounidense. En este mundo, el cambio es generalmente técnico. Un número infinito de cambios técnicos.

El cambio técnico sucede cuando el hombre de la maleta entra y le da consejos y le enseña estratagemas, pero no aborda el problema fundamental que su compañía está afrontando.

El cambio técnico sucede cuando le ofrecen el método de gestión más moderno, que acaba siendo sólo un recuerdo al cabo de seis meses.

El cambio técnico sucede cuando la dirección elogia este apasionante nuevo programa para sus empleados, pero ella no cambia.

Esto no quiere decir que el cambio técnico no tenga su lugar. Cuando usted tiene un nuevo programa de prestaciones y el personal necesita saber cómo este programa cambiará su conjunto de remuneraciones, entonces la información técnica es absolutamente necesaria. Las nuevas reglas se pueden comunicar en un folleto o por correo electrónico. O puede tener una reunión de orientación para dar los detalles al personal. Y la razón de que estos tipos de técnicas se apliquen a un nuevo programa de prestaciones es que la política empresarial típica no le pide al personal que cuestione su conducta.

Por otro lado, el ROWE requiere un cambio adaptativo. Las personas tienen que actuar de un modo diferente en este nuevo entorno de trabajo. No puede comunicar los cambios que ocurren a través de un correo electrónico, porque un ROWE opera de un modo diferente con cada persona, cada equipo y cada división. Es un proceso en constante evolución.

De hecho, antes de que se implementara el Programa de Trabajo Alternativo (PTA) piloto, hubo un momento clave en la creación del entorno de Trabajo Orientado Exclusivamente por Resultados. A Cali se le asignó un agente de cambio para llevar a cabo el PTA, y ella y el agente analizaron otras empresas y dirigieron el proyecto hacia el examen de las mejores prácticas en otras empresas que habían establecido programas de trabajo flexible. Crearon una exhaustiva guía sobre cómo copiar otros programas. Pero el líder de la división del PTA piloto no deseaba ver las mejores prácticas de otras empresas. En una reunión particular, cogió la guía y dijo que no quería ver nunca más algo semejante. Luego explicó, de modo tajante, que éste sería un movimiento orgánicamente desarrollado, que no estaría dictado por las mejores prácticas de otras compañías. Poco después de esa reunión, la representante de recursos humanos se apartó del proyecto. Más tarde, cuando Jody se hizo cargo del mismo, la atención se concentró en el cambio adaptativo.

El rechazo de las mejores prácticas fue una decisión importante, porque a partir de ese momento nos comprometimos con el verdadero cambio. Después de desechar una solución que parecía cómoda y aceptable, empezamos a imaginar qué querían y qué necesitaban realmente los empleados, y qué era lo mejor para ellos. Fuimos capaces de evitar el problema con tantos cambios en el mundo empresarial estadounidense: cambios ficticios, cambios pasajeros. Aparentemente, eran positivos y beneficiosos y parecían abordar el problema, pero, en realidad, no lo hacían.

Tratar de crear un cambio técnico para algo que es un problema social sólo puede conducir al desastre. Por ejemplo, antes de la introducción del ROWE, los empleados se quejaban del exceso de reuniones, porque no les permitía llevar a cabo su trabajo. No podían concentrarse y tenían estrés. El personal necesitaba un descanso.

Entonces alguien propuso un cambio técnico bajo la forma de los «miércoles sin reuniones». Los miércoles no se podían programar reuniones. La idea era que los miércoles el personal podría ponerse al día con el trabajo que no podía hacer el resto de la semana porque estaba en demasiadas reuniones. La compañía invirtió tiempo y dinero para informar a los empleados y promover los miércoles sin reuniones a través de folletos y correos electrónicos, e incluso, desde luego, con reuniones sobre el tema. Luego desarrollaron el programa. El problema se resolvió.

El lector puede imaginar lo que sucedió. Descartar repentinamente los miércoles como un día de reunión no era tan fácil como parecía. Naturalmente, hubo momentos en que los empleados necesitaban reunirse un miércoles. Por lo tanto, cuando esas personas se reunían estaban violando una política de la compañía, lo cual produjo más estrés en los trabajadores que se sintieron estafados con su tiempo.

Entonces, ¿qué hizo la compañía? Instruyó al personal sobre cómo tener reuniones breves si éstas debían celebrarse un «miércoles sin reuniones». Esto significaba proyectar sólo seis diapositivas PowerPoint para abreviar las cosas. Pero luego tuvieron que enseñar al personal cómo ofrecer presentaciones breves de PowerPoint, porque eso no siempre es fácil, y así sucesivamente. En la mitad del programa, se habían invertido más horas instruyendo al personal y en las reuniones y conversaciones sobre el tema que el tiempo que los empleados habrían pasado en las reuniones reales de los miércoles.

Además, que el personal tuviese los miércoles libres de reuniones no significaba que hubiese cambios en la estructura general de las reuniones. Es cierto, se hacían más tareas los miércoles, pero no parecían tan importantes como un día lleno de reuniones. Ningún trabajo es comparable a una reunión y el personal sentía que no estaba recibiendo su merecido reconocimiento. Para los empleados con una perspectiva más política, la ausencia de reuniones significaba no poder proyectar su imagen de líderes. Añoraban cancelar las reuniones o enviar una nota para mostrar su poder e importancia.

Además, los empleados se sentían culpables de violar las normas cuando se reunían un miércoles, y culpables porque no sabían qué hacer cuando no tenían reuniones. El sentimiento de culpa causado por esta idea estúpida es lo opuesto a llevar a cabo alguna tarea.

¿Por qué no podemos apoyar este tipo de cambio? No podemos hacerlo porque los programas como los miércoles sin reuniones no abordan el problema de raíz. Ningún seminario de administración del tiempo va a resolver el problema de los empleados que no tienen un control real sobre su tiempo. Un seminario puede darnos consejos y argucias, pero lo que el personal necesita es poder.

Como veremos en los próximos capítulos, el ROWE requiere un cambio adaptativo. Este cambio significa que las actitudes y creencias fundamentales del personal cambian junto con sus conductas.

Piense en la plataforma digital TiVo, que permite ver sus programas favoritos en cualquier momento. En suma, TiVo nos da control. Usted ve la televisión como le apetece, sin anuncios comerciales (o con ellos, si le interesa), cuando lo desea y con quien quiera. La televisión ya no está condicionada por la cadena, sino por usted (que ve su programa cuando lo desea).

Por lo tanto, las personas piensan en la televisión de un modo diferente. Prueban más. Acumulan y graban múltiples episodios para poder verlos en tandas. Podrían ver un programa de medianoche sólo por el segmento de la entrevista, o sólo por el monólogo de apertura. La clave aquí es que nadie le dice a la gente cómo comportarse con el TiVo. No hay ningún modo correcto o incorrecto de ver la televisión, y usted impone las condiciones. Hay una herramienta que le da libertad y usted decide cómo usarla, y lo hace sin necesidad de leer un libro de instrucciones, sino experimentando con lo que más le gusta y conectándose con los otros aficionados TiVo para saber cómo optimizar su experiencia de televidente.

Puede considerar el ROWE como la plataforma digital TiVo para su trabajo. Esto le da a la gente poder y control sobre su tiempo. Pero también debe darles la máxima responsabilidad: debe responder a las expectativas, o estaría en un apuro. Si todos en la organización se comprometen con estos dos ideales, el cambio resultante ocurrirá de un modo orgánico.

No vamos a engañar a nadie. El cambio adaptativo no es fácil. Mientras pasa por este tipo de cambio, va descubriendo el futuro escenario. Está entrando en un mundo desconocido, aunque sea intencionalmente desconocido.

Cuando ocurre el cambio adaptativo, es inevitable experimentar cierto nivel de estrés. El verdadero cambio generalmente implica pérdidas. Las personas tienen una tendencia a sentirse cómodas con sus hábitos, actitudes y creencias. Cuando sienten que «pierden» esas creencias arraigadas, suelen lamentarse, luchar y evitar el esfuerzo requerido para adaptarse. Pero para que el cambio adaptativo tenga lugar, deben soportar la prueba y estar dispuestas a reformar esas creencias.

Reconocemos que esto parece difícil. La dirección se resiste, naturalmente. Puede sentir que su control se debilita. También los empleados tienen inquietudes al respecto. Esto es un cambio, y puede ser beneficioso, pero también difícil.

Una cosa que podría ser tranquilizante es que los miembros de una corporación pasaron por esta transición y surtió efecto. Además, tenga en cuenta que todos los empleados, en todos los niveles, tienen las mismas inquietudes.

¿Obtendremos buenos resultados?

¿Cómo sabremos que estamos alcanzando nuestras metas?

¿Cómo sabremos que todos están haciendo su parte?

La reacción inmediata es: ¿cómo haremos eso ahora? La realidad actual no proporciona una respuesta a estas preguntas. ¿Usted y su jefe discuten habitualmente las expectativas con suficiente claridad? (El control semestral del desempeño es un comienzo, pero no es suficiente.) ¿Tiene un mecanismo para determinar si el trabajo diario que se lleva a cabo produce resultados reales, o se supone que si todos están allí trabajando entonces deben hacerlo bien? Y, finalmente, ¿conoce a alguien (quizás usted) que no está haciendo su parte o que recibe un reconocimiento inmerecido?

Antes de empezar el programa piloto del ROWE, hablamos con los gerentes sobre sus inquietudes acerca de todos los tipos de acuerdos de trabajo flexible. Sus dudas son las mismas que oímos acerca de un ROWE. También son las inquietudes que tienen muchos empleados acerca del trabajo en general.

¿Es justo?

¿Se piden responsabilidades?

¿Hay desarrollo profesional?

Nosotras consideramos seriamente estas inquietudes. En respuesta a ello, y también para proporcionarnos una herramienta que mida nuestros propios resultados en la gestión de este cambio, desarrollamos lo que llamamos una auditoría de la cultura. Antes de la migración de un equipo, encuestamos a todas las personas involucradas para tratar de comprender cómo ven la naturaleza de su cultura laboral. El objetivo de las preguntas es obtener una visión inmediata de cómo se lleva a cabo la tarea y cómo es el trabajo en un equipo o departamento determinado. ¿Los empleados consideran que la cultura es proactiva o reactiva? ¿Creen que la organización está dispuesta al riesgo o teme el cambio? ¿La dirección premia al personal de acuerdo en el tiempo de interacción o teniendo en cuenta el logro real?

A través de la gestión en Best Buy, hemos descubierto que esta encuesta suele ser positiva después de la migración. Incluso los equipos que se califican muy bien, con miembros comprometidos que trabajan eficazmente, experimentan un mejoramiento gracias al ROWE, mientras que los equipos que no se califican bien se transforman profundamente. Aun teniendo en cuenta la naturaleza poco fiable de la autoevaluación, estamos seguras de que el ROWE marca la diferencia.

A medida que avancemos en los tres capítulos siguientes, esperamos mostrar cómo ocurren estos cambios. Y, como veremos, a pesar del enfoque aparentemente radical de un ROWE, el trabajo se parece mucho al que se hace ahora. El personal sigue yendo a las reuniones. Colabora y forma equipos. Los empleados son accesibles y cumplen sus funciones, porque eso es lo que desean hacer los adultos más responsables. Quieren hacer un buen trabajo y ser remunerados por ello.

Una consideración final antes de ver cómo funciona un ROWE. Es fácil ver esta idea como un enfrentamiento entre el empleador y el empleado. Si los empleados consiguen más libertad, entonces el empleador debe perder algo. Alguien tiene que ganar, ¿no es cierto?

Pues bien, seremos sinceras: gana el empleado. El empleado recupera su vida, su cordura y su sentido de la autoestima. Pero lo más curioso es que, una vez que los empleados experimentan un ROWE, no quieren trabajar de ningún otro modo. De ahí que se comprometen. Los empleados son más diestros con su trabajo porque quieren estar seguros de obtener resultados. Saben que si pueden conseguir resultados obtendrán, a cambio, confianza y control sobre su tiempo. Y una vez que les confía el control de su tiempo se esforzarán para mantenerlo.

Opiniones de un ROWE: Trey

Trey es un especialista en e-learning. Trabaja indivi-
dualmente y no dirige personal. Tiene casi 30 años y
ha estado en un entorno de Trabajo Orientado Ex-
clusivamente por Resultados durante casi dos años.

Cuando estudiaba en la universidad, se pensaba que todas las corporaciones eran inherentemente malignas. Si bien una gran parte de este resentimiento se concentraba en compañías como Wal-Mart y McDonald's, la atmósfera general era muy antiempresarial. Dado que nunca había trabajado en una corporación, mi perspectiva del mundo empresarial norteamericano también era muy negativa. Cuando les conté a mis amigos que había conseguido un empleo en las oficinas centrales de Best Buy, dijeron que había renunciado a mis principios sólo por el dinero.

Una vez que empecé a trabajar para Best Buy y entré en un entorno de Trabajo Orientado Exclusivamente por Resultados, mi punto de vista y el de mis amigos cambió definitivamente. Cuando les dije a mis amigos y a mi familia que tenía la oportunidad de trabajar cuando quería y donde deseara, al principio no lo podían creer. Pero a medida que pasaba el tiempo y les contaba una historia tras otra sobre mis increíbles experiencias con el ROWE, empezaron a cambiar de opinión. Su visión general del «mundo empresarial» no había cambiado, pero sus puntos de vista sobre las oficinas centrales de Best Buy ya no eran los mismos. Ahora, mis oportunidades de empleo y mi estilo de vida inspiraban envidia dentro de mi círculo social. Dejé de oír los comentarios negativos acerca del mundo empresarial; la gente decía: «Me gustaría tener un empleo como el tuyo».

Cuando comparo mi vida de hace dos años, con un horario fijo de trabajo de ocho de la mañana a cinco de la tarde, con mi vida actual, no puedo menos que sonreír. En mi empleo anterior no había ninguna flexibilidad. Tenía dos semanas de vacaciones y un número fijo de días para pedir la baja por enfermedad. Tenía que usar los días de vacaciones para ir al dentista o al médico. Irse antes o llegar con retraso daba lugar a medidas disciplinarias. Recuerdo el lío que se armó cuando pedí tres semanas para ver a mi banda de rock favorita. Finalmente, usé mi periodo de vacaciones y una «excedencia» de una semana.

Creo que la mejor manera de comparar un empleo de horario fijo de ocho a cinco con el trabajo que tengo ahora en un ROWE es describir mi vida durante este año. Casi todo el año he podido levantarme cuando he deseado y elegir cuándo y dónde trabajar. Hay momentos en que necesito asistir a las reuniones o completar un trabajo de inmediato, pero esos momentos son pocos y esporádicos. Algunos días me siento obligado a ir a la oficina, otros días no. El mes pasado acudí a la oficina antes de las diez en dos o tres ocasiones, y solamente porque tenía una reunión.

Para mí, un día típico incluye despertarme cuando la luz del sol inunda mi habitación y ya no puedo seguir durmiendo. Miro mi correo electrónico para asegurarme de que no hay asuntos urgentes, y respondo a todos los que me piden algún tipo de información. Por lo general, veo un episodio de *South Park* en Internet, luego acudo a la tienda de comestibles y compro algo para desayunar, aun cuando casi es la hora del almuerzo. Después de comer, trabajo frente al televisor con la información deportiva que transmite la ESPN de fondo. En ese momento, decido si voy a la oficina, continúo trabajando desde el hogar o dejo de trabajar y me voy a dar una vuelta en bicicleta o a correr. Si todavía me queda trabajo por hacer, lo hago más tarde, esa noche, sin mucho esfuerzo.

No estoy obligado a cumplir nada. Siempre hago lo que se espera de mí. Y gracias al ROWE, nuestro equipo mejoró su rendimiento. Al principio, una persona era responsable de la gestión de un proyecto y desempeñaba todas las funciones. Luego adoptamos un enfoque de estudio. Cada persona trabaja de acuerdo con sus posibilidades. Un empleado redacta contenidos. Otro diseña y programa con Flash. Yo subo los contenidos a la Red y aseguro la funcionalidad. Antes de que empezáramos a trabajar en un entorno de Trabajo Orientado Exclusivamente por Resultados, podíamos dejar listos 10 o 12 cursos por mes. Hace poco lanzamos 43 cursos en un solo mes. Esto no cambia cuando debo viajar. Si tengo 18 proyectos en marcha a la vez, simplemente establezco mis metas para que todo se haga tres días antes de la fecha, así tengo un margen de tiempo antes de partir. Siempre que el trabajo se lleve a cabo, mi gerente está satisfecho.

Comparemos lo que acabo de describir con el empleo de ocho a cinco que tuve hace un par de años. Mientras mis amigos lidian con el tráfico y trabajan en un medio tradicional, yo trabajo cuando quiero desde mi casa, o bien no trabajo, de acuerdo con mi estado de ánimo y lo que haya planeado para el día. Solamente este año he viajado por Europa durante 19 días siguiendo a mi intérprete favorito desde París hasta Bruselas, Ámsterdam, Praga y Colonia. Tengo una foto con Dave Matthews en el exterior de un pequeño club en Bruselas, Bélgica. He pasado un fin de semana en Chicago jugando a las cartas y al *frisbee* en un parque y asistiendo a un espectáculo el domingo por la noche en Windy City. Me desperté ese lunes en Chicago en un día laboral, sin ninguna preocupación mundana. Mi única inquietud era si llegaría a Minneapolis a tiempo para ir a ver a Dave Matthews en el festival de beneficencia de Best Buy por segunda vez en una semana. Este último fin de semana me tomé libre de viernes a lunes para hacer una escapada con mi novia. Acampamos en un bosque del estado y fuimos al Anfiteatro Alpine Valley para ver a su grupo favorito, Nickelback. Pasé el domingo en el parque acuático Ark de Noah deslizándome por el tobogán de agua. Estaré en Chicago de nuevo para el festival de Lollapalooza y volveré a Alpine Valley para ver otro espectáculo en un camping con 40 amigos provenientes de diferentes estados.

Nada de lo que he descrito habría sido posible en el viejo entorno de trabajo que contribuyó a crear la idea del «mundo empresarial maligno». Básicamente, hago siempre lo que deseo y cuando lo deseo. Hago mi trabajo cuando es más conveniente para mí. Y dado que siempre llevo a cabo mi tarea, puedo disfrutar plenamente de la vida, mientras trabajo para una gran compañía.

4

Cómo se maneja el tiempo
en un ROWE

En 2005, el ROWE estaba alcanzando una masa crítica. Había tantos empleados trabajando en un ROWE que era cada vez más difícil para todos en cualquier nivel ignorar el cambio, aun cuando la idea todavía los hacía sentirse incómodos (especialmente, a los gerentes). Nuestras conferencias sobre el tema, tanto en el nivel superior de gestión como con los equipos que estábamos formando, habían evolucionado y estábamos muy seguras de nuestras ideas y nuestros métodos. El ejercicio del calendario se había terminado. Estábamos enseñando los principios básicos acerca del tiempo, las creencias y los juicios. Ahora las sesiones de Lodo eran un poco más estructuradas y específicas. (En lugar de pedir a la gente que diera ejemplos, le ofrecíamos frases comunes del Lodo y le pedíamos que explorara su significado oculto.) Y habíamos llegado a nuestra definición del Trabajo Orientado Exclusivamente por Resultados (ROWE).

El único elemento que pensábamos que faltaba era un conjunto de principios rectores de lo que sería la vida en un ROWE, de modo que un día nos sentamos y redactamos los 13 Indicadores del Trabajo Orientado Exclusivamente por Resultados. Este conjunto de declaraciones surgió de nuestras sesiones con los empleados en todos los niveles, y estaba destinado a cumplir múltiples propósitos. En primer lugar, tenía que especificar la definición básica de un ROWE para ofrecer algo al personal, además de «Puede hacer lo que desee, cuando lo desee, siempre y cuando lleve a cabo la tarea». En segundo lugar, queríamos que el personal tuviera un conjunto de declaraciones a las que pudiera referirse mientras pasaba por el proceso de cambio adaptativo. Si alguna vez se sentían perdidos cuando intentaban hacer del ROWE una realidad, podrían consultar los Indicadores. En tercer lugar, y quizá lo más importante de todo, queríamos impresionar al personal.

Como hemos dicho antes, aunque uno se libere de las viejas actitudes acerca del trabajo, necesita reemplazarlas por un nuevo conjunto de actitudes. Necesita una nueva cultura. Para conseguir esto, cada empleado debe pasar por lo que nosotras llamamos un proceso de migración. Este proceso no incluye formación. Las personas no se sientan en una sala de conferencias con un cuaderno de ejercicios para estudiar el ROWE durante ocho horas, sino que los facilitadores introducen las mismas ideas que usted encuentra en este libro: por qué el tiempo tiene un extraño poder sobre nosotros, por qué todos trabajamos de acuerdo con creencias contraproducentes acerca de cómo hacer la tarea, por qué a todos nos afectan los comentarios malintencionados, por qué los resultados (y no el tiempo) deben regir las acciones. Luego intentamos que el personal se libere para que tenga lugar el cambio.

Los 13 Indicadores son necesarios para que la gente comprenda que la creación de un ROWE requiere un nuevo concepto radical del trabajo. Nosotras queríamos que los Indicadores fueran claros y bien definidos para que las personas se fueran de la primera sesión de ROWE (llamada «Comienzo») con pensamientos, sentimientos e ideas acerca de lo que podía significar este nuevo modo de trabajar. Por lo tanto, cuando desarrollamos los Indicadores, los presentamos todos a la vez. Antes de explicar o discutir lo que significaba cada Indicador, queríamos que los empleados simplemente experimentaran con ellos como un ejercicio de la imaginación. Les pedimos que imaginaran qué tipo de vida podrían tener si todo lo siguiente fuera cierto:

1. Los empleados en todos los niveles descartan cualquier actividad que representa una pérdida de tiempo para ellos, para el cliente o para la compañía.
2. Los empleados tienen libertad para trabajar del modo que desean.
3. Cualquier día puede ser como un sábado.
4. El personal tiene una cantidad ilimitada de «tiempo libre remunerado», siempre y cuando lleve a cabo la tarea.
5. El trabajo no es un lugar adonde uno va; es algo que uno hace.
6. Entrar al trabajo a las dos de la tarde no se considera llegar tarde. Irse del trabajo a las dos de la tarde no se considera marcharse temprano.
7. Nadie habla de cuántas horas ha trabajado un empleado.
8. La asistencia a las reuniones es opcional.
9. Es perfectamente normal ir a la tienda de comestibles un miércoles por la mañana, ver una película un martes por la tarde o echarse una siesta un jueves al mediodía.
10. No hay horarios de trabajo.
11. Nadie se siente culpable, agotado o sometido a tensiones.
12. No hay ninguna emergencia de último momento.
13. Nadie juzga cómo emplea usted su tiempo.

Nosotras sabíamos perfectamente qué Indicadores iban a irritar a la gente. El hecho de no dilapidar los recursos ni el tiempo del empleado o de la compañía es válido, útil y beneficioso, pero la idea de que la asistencia a las reuniones fuera opcional realmente encolerizó al personal. ¿Qué pasaría si declinara asistir a una reunión estúpida a sabiendas de que es una pérdida de tiempo? ¿Qué pasaría si usted tuviera realmente el poder para hacerlo? ¿Cómo sería la vida?

Si este tipo de declaraciones fueron alarmantes y escandalosas para los empleados, el lector puede imaginarse lo que sucedió cuando se las transmitimos a la dirección y al liderazgo superior.

Desde el principio, la dirección fue crucial para la creación de este cambio. Dado que todos podían beneficiarse de un ROWE, todos tenían que participar y, aunque éste fuera un movimiento del personal, siempre procuramos comprometer a la dirección, o al menos contar con su optimismo saludable.

Antes de que un equipo empezara su migración, se concertaba una reunión de liderazgo. Ellos daban con las mismas ideas, pero esas ideas se comunicaban de un modo ligeramente diferente, porque el cambio para los gerentes es diferente del cambio para los equipos y participantes individuales. Y, como es fácil imaginar, la primera vez que presentamos los Indicadores a la dirección hubo algunas personas en el salón que parecían muy incómodas.

La primera reacción de la dirección en esos primeros días fue el deseo de negociar. La idea de trabajar sin horarios era aceptable, pero ¿por qué las reuniones tenían que ser opcionales? ¿Acaso algunas reuniones no debían ser obligatorias?

Hubo una reunión de liderazgo en particular que fue un momento crucial para el ROWE. Después de esa entrevista, algunos miembros de la dirección acudieron a Jody para decirle que los Indicadores debían suprimirse. No podíamos mostrar estas ideas a los empleados. Habíamos ido demasiado lejos.

Más tarde, nos reunimos y discutimos si estaríamos o no

dispuestas a reescribir algunos de los Indicadores, pero cada vez que intentábamos suavizar una declaración o eliminarla, comprendíamos que estábamos desvirtuando la idea. Si las reuniones no fueran opcionales, entonces las personas seguirían juzgando cómo debería ser el trabajo. Si hubiera reuniones obligatorias, los empleados podrían ser orientados a los resultados, pero no centrados *únicamente* en los resultados.

Poco después de esa discusión, volvimos a reunirnos con la dirección y nos mantuvimos firmes. Los desafiamos a cuestionar sus creencias acerca de las reuniones. ¿Qué se puede pensar de la eficacia de las reuniones, de su utilidad, si los empleados sólo asisten porque lo ordena la dirección o porque leen la palabra «obligatoria» en la convocatoria? ¿Cuánta productividad se obtiene de los empleados si ellos aborrecen las reuniones? ¿No hay una mejor manera de transmitir una información que tener al personal sentado alrededor de una mesa mientras escucha la disertación? Incluso los desafiamos a pensar en su propia conducta con respecto a las reuniones. ¿Siempre asistían a las reuniones «obligatorias», o encontraban una manera de eludir el compromiso porque ese día necesitaban hacer algo impostergable?

Logramos imponernos en la discusión, y a partir de entonces el Trabajo Orientado Exclusivamente por Resultados se aplicó en su forma completa. Hicimos de los 13 Indicadores una parte esencial del proceso de migración al ROWE. Los empleados empezaron a usarlos para corregir sus conductas y actitudes, y también para ayudar a las otras personas a hacer la transición.

Cualquier tipo de cambio adaptativo requiere apoyo y autocorrección. Es como dejar de fumar o ponerse en forma. Puede dar a los empleados las razones para que adopten una mejor conducta, pero finalmente son ellos quienes deben tomar la decisión de cambiar, y las personas en su entorno también deben apoyar el cambio. Esto es parte del poder de crear un ROWE: nadie está solo. Cuando las personas migran de un ambiente de trabajo tradicional al Trabajo Orientado Exclusivamente por Resultados, se apoyan y desafían unos a otros. La dirección es parte del proceso, pero no lo impulsa. El personal crea la nueva cultura.

En los próximos tres capítulos, analizaremos por separado los 13 Indicadores. Cada uno muestra un aspecto diferente del Trabajo Orientado Exclusivamente por Resultados. Algunos abordan el tiempo, otros consideran la logística de cómo se lleva a cabo el trabajo, mientras un tercer grupo destaca cómo la vida es diferente en un ROWE. Nosotras vamos a usar estos Indicadores para dar al lector una mejor idea de lo que es un ROWE, cómo opera y cómo se percibe. (Recuerde que un ROWE no es una teoría: en este preciso momento, hay personas como Trey que viven del modo que desean vivir.) También intentaremos responder a algunas de las objeciones más comunes de la gente, los momentos «Sí, pero» con que todo el mundo que se ha confrontado con estas nuevas ideas se ha topado.

En primer lugar, necesitamos abordar la cuestión del tiempo. Nuestras actitudes acerca del tiempo son quizás el obstáculo más difícil de superar, porque están tan arraigadas que ni siquiera podemos reconocer su influencia sobre nosotros. Aunque alguien con una varita mágica le diga: «Los otros ya no usarán el tiempo para juzgarle», quizás usted mismo se juzgue de acuerdo con el tiempo. Ha pasado tantos años disponiendo de sólo una «hora para el almuerzo» que si alguien le dijera: «Tómate todo el tiempo que quieras para almortar», todavía seguiría mirando su reloj para ver si se está demorando demasiado. Todavía seguirá mirando el reloj en el salpicadero de su coche mientras conduce hacia el trabajo durante la primera semana en un ROWE, porque cuando las agujas marquen las 7:59, sonará una alarma en su cabeza que le dirá: «¡Tarde!» Todavía mirará el reloj o controlará el tiempo cuando termine la jornada, porque así es como ha medido su día desde que puede recordar. El tiempo no va a renunciar a su poder sobre usted sin librar una batalla.

En un ROWE, el tiempo verdaderamente no importa. Pero esto puede ser difícil de recordar, y aún más difícil de aceptar. Como hemos dicho antes, parte del poder del statu quo es que no se necesita hacer nada para reforzar sus actitudes. En realidad, se perpetúa a sí mismo. Por lo tanto, los Indicadores en este capítulo sirven para recordarle que en un ROWE hay nuevas reglas.

He aquí las nuevas reglas acerca del tiempo:

- Entrar al trabajo a las dos de la tarde no se considera llegar tarde. Irse del trabajo a las dos de la tarde no se considera marcharse temprano.
- Es perfectamente normal ir a la tienda de comestibles un miércoles por la mañana, ver una película un martes por la tarde o echarse una siesta un jueves al mediodía.
- El personal tiene una cantidad ilimitada de «tiempo libre remunerado», siempre y cuando lleve a cabo su trabajo.
- No hay horarios de trabajo.

Entrar al trabajo a las dos de la tarde no se considera llegar tarde. Irse del trabajo a las dos de la tarde no se considera marcharse temprano

En el nivel más básico, este Indicador significa que en un ROWE uno se concentra en los resultados, no en el reloj. El reloj ya no es lo que se usa para determinar si está o no está trabajando. Aquí no existe el concepto de tarde o temprano, solamente el hecho de llevar a cabo su trabajo.

No estamos diciendo que ahora de repente el trabajo no le exija ningún tiempo de su vida.

Sólo porque su eficacia en el trabajo ya no se mide por el tiempo, eso no significa que el trabajo no consuma más tiempo. Como hemos dicho antes, todavía tiene que hacer una tarea, pero si bien una invención o una idea viajan a la velocidad del pensamiento, la ejecución de cualquier cosa que valga la pena requiere dedicación, atención, esfuerzo y tiempo. Por lo tanto, si está haciendo su trabajo, entonces los miembros del equipo y su gerente necesitan hacerle responsable de él. El hecho de que ahora pueda llegar tarde no significa que pueda ser improductivo.

La característica que distingue al ROWE es que usted, sus compañeros y su gerente ya no tienen que prestar atención al tiempo como una medida de la productividad. Ya no hay una serie de inquietudes que lo abruman u obscurecen el problema. Podría mirar el reloj para ver si tiene una cita o una reunión, pero cuando lo mira no piensa: «Ahora son las tres y tengo que tener lista esta parte del proyecto para las cinco, porque entonces termina la jornada. El resto de la tarea tendré que completarla mañana cuando empiece a trabajar a las ocho». Por el contrario, piensa: «Son las tres y me voy a marchar para evitar la hora punta, comeré en casa, luego abordaré este proyecto a las ocho y terminaré a medianoche, así mañana tendré el escritorio despejado para la próxima fase».

En un ROWE, la tradicionalmente llamada «administración del tiempo» también es diferente. Piense en el curso típico de administración del tiempo, en el cual usted reemplaza sus tareas y responsabilidades con prioridades o cuadrantes de eficiencia, o con lo que sea. El inconveniente con todos estos programas es que no abordan el problema de raíz y suponen que el trabajo empieza en un cierto momento y se detiene en otro, sin importar si esto es lo mejor para el empleado o para la empresa. Los programas típicos de administración del tiempo le piden que trabaje con un control limitado, cuando la única solución es el control total. Estos programas le piden que busque la libertad dentro de una prisión.

⏱ SÍ, PERO...

«Si alguien va a marcharse a las dos, ¿no debería avisar a todo el mundo?»

Al principio, los empleados piensan que es una cortesía común hacer saber a los otros dónde se encuentran y cuándo están trabajando. Pero mírelo de esta manera: si le dice a alguien dónde se encuentra y qué está haciendo a las dos de la tarde de un martes, entonces también tiene que decirle qué está haciendo la medianoche de un sábado. Nosotras decimos que, siempre y cuando el trabajo se lleve a cabo, el resto no importa. En un ROWE preguntar a alguien acerca de su tiempo es una pregunta personal. Mientras la tarea se complete, el tiempo no le concierne a nadie, excepto a usted.

En un ROWE, el tiempo llega a ser algo que uno maneja verdaderamente... porque es suyo. Deja de hacer esos juegos consigo mismo y con su tiempo (ahora estoy trabajando, ahora no estoy trabajando) y, en cambio, se concentra en lo que necesita llevar a cabo. La decisión de cuándo llevarlo a cabo le corresponde al empleado (siempre y cuando se respeten los plazos). Por eso, si se despierta a las cinco de la mañana y tiene la solución a un problema, se pone a trabajar a esa hora, sin culpa ni resentimiento. Y luego podría hacer algo por usted o por su familia desde las ocho hasta las once, también sin culpa ni resentimiento.

Todo su monólogo interior acerca del trabajo cambia porque su idea del tiempo también cambia. Una declaración que oímos a menudo por parte de los empleados, después que han estado en un ROWE durante más de uno o dos años, es que ya no piensan en el tiempo. Entran a una hora diferente cada día. No les preocupa cuándo están trabajando o cuándo no, ni cuántas horas han trabajado o no trabajado. Están tan concentrados en los resultados que para ellos el tiempo literalmente no cuenta.* Y si les pregunta cuántas horas han trabajado, pensarán que usted debe ser un bicho raro.

Todo el entorno de trabajo también cambia. Por ejemplo, en Best Buy no se ve el éxodo de las cinco en punto, como en otras compañías. No existe la sensación de que a las cinco menos cuarto están todos los caballos en el punto de partida, listos para correr hacia la meta: la libertad. El personal entra y sale con confianza porque sabe que no va a ser juzgado por el tiempo. Uno no se pavonea porque llegó «temprano», ni se escabulle avergonzado porque llegó «tarde».

Este cambio requiere algún tiempo y esfuerzo. Si es la una en punto y uno de sus compañeros se presenta por primera vez ese día, al principio puede ser difícil no juzgarlo. También es difícil ser la única persona en su equipo que se queda en la oficina durante toda una tarde. Uno no puede evitar asombrarse si alguien que no está presente usa prudentemente su

---

* Como mencionamos antes, esto es ligeramente diferente cuando se trata del personal que trabaja por horas, que todavía registra sus horas en un ROWE. Ellos pueden ser más conscientes del tiempo, pero no se sienten oprimidos por ello. Y, dado que no tienen horarios de trabajo y no están confinados a un escritorio, experimentan una mayor sensación de libertad y control.

tiempo. Los gerentes pueden sentirse descolocados cuando no pueden usar el reloj para hacer comentarios malintencionados sobre el personal, porque controlar a los empleados (y el reloj) ha sido tradicionalmente parte de su función.

Ignorar el reloj también puede ser difícil, porque siempre hemos usado el tiempo para medir la equidad. Si alguien está presente menos horas que yo en su puesto de trabajo, entonces ese alguien está obteniendo un trato preferencial. Es el niño consentido que consigue hacer lo que desea porque, obviamente, el sol sale y se pone a su antojo. Y eso no es justo.

Pero si nadie tiene en cuenta que usted entra tarde o se va temprano, entonces el tiempo pierde su poder.

En un ROWE, uno no usa el tiempo para juzgar su propio desempeño.

En un ROWE, uno no usa el tiempo para juzgar el desempeño de sus compañeros de trabajo.

En un ROWE, los gerentes no pueden usar el tiempo como un medio para controlar a sus empleados.

En un ROWE, el control sobre el tiempo propio ya no es un privilegio de un grupo selecto.

La manera de promover esta nueva idea del tiempo es eliminar los viejos conceptos a través de la erradicación transparente del Lodo. Al principio, muchos equipos hacen un juego de esto. Los empleados desafían a sus compañeros que hacen comentarios malintencionados y, como sucede cada día en todas partes, esto se convierte casi en un deporte. «¡Jan, me estás juzgando!» y «¡He pillado esa observación sobre la duración de mi almuerzo, Bob!» Aun cuando esto parezca una cosa insignificante, sólo el hecho de que alguien tenga el poder para desafiar a otros sobre los comentarios basados en el tiempo es un gran cambio. Siempre y cuando obtenga resultados, puede ejercer este poder sin temores ni vergüenza. Todos saben que defender el trabajo (y no tolerar discusiones acerca del tiempo) es una parte fundamental del ROWE.

Cualquier empleado en cualquier nivel puede desafiar a otro por sus juicios negativos. Así, en esos primeros días, cuando el personal todavía hace comentarios sobre las horas de entrada y salida, o se queja de la disponibilidad, llega a ser de suma importancia que la gente hable claro, aun cuando eso cause dolor. Con el tiempo, los equipos desarrollan maneras de controlar sus comentarios y juicios negativos y esto sucede a menudo cuando todos comprenden que se sienten culpables. En lo que respecta al Lodo, nadie está libre de culpa.

Una reflexión final sobre este Indicador: sorprendentemente, esta nueva idea acerca del tiempo produce cambios profundos en su cultura laboral. Una vez que elimina los conceptos de «temprano» y «tarde», empieza a prescindir del tiempo en todos los aspectos del trabajo.

Por ejemplo, ¿cuánto dura una reunión? En la mayoría de las empresas, una reunión se programa en incrementos de 30 minutos. Pero ¿por qué? Porque tratamos de dividir el tiempo en incrementos netos, quizá debido a una función de las agendas electrónicas, o porque nuestra estructura mental se basa en horas. El problema es que este tipo de pensamiento propicia reuniones que son una pérdida de tiempo porque hay tiempo que perder. Se ha determinado que sean de media hora porque es más fácil completarlas.

Otro aspecto curioso acerca del tiempo y las reuniones es que, generalmente, se espera que uno asista a una reunión desde el principio hasta el final. Sólo la dirección tiene el derecho de entrar y salir de la reunión, pero el personal subalterno no puede moverse del asiento y debe tener el ombligo pegado al borde de la mesa hasta que termina la reunión.

Las personas que participan en un ROWE no ven el tiempo de ese modo. En el próximo capítulo, hablaremos más sobre las reuniones, pero por el momento digamos que en un ROWE uno tiene libertad para usar su tiempo, a condición de que produzca resultados. Como veremos, las reuniones llegan a ser negociables, y parte de esa negociación incluye el tiempo. En lugar de asistir a una reunión entera, puede estar presente los primeros 10 minutos para hacer su contribución. Su tiempo siempre está bajo su control.

Es perfectamente normal ir a la tienda de comestibles un miércoles por la mañana, ver una película un martes por la tarde o echarse una siesta un jueves al mediodía

Una de las cosas que el trabajo nos enseña a hacer bien es a urdir excelentes excusas por no estar en nuestro puesto. Si ha trabajado tres o cuatro años en una empresa, quizás ha aprendido a dar buenas excusas. Todos tienen sus excusas favoritas y todos suelen reservar las buenas para cuando realmente las necesitan. Todos saben alternar las excusas o darles un nuevo matiz para mantener a raya a los críticos.

También hay reglas para las excusas. Si ve que va a llegar tarde a la oficina, entonces necesita atribuirlo al tráfico, no al hecho de haberse detenido a saborear los más deliciosos crepes que probó en su vida.

Por lo tanto, el statu quo nos hace diestros en la mentira piadosa. Pero aquí hay algo más profundo, algo que nos remite a la idea de que su empleo es dueño de su tiempo. Si su empleo controla su tiempo, entonces está haciendo algo más que dictar cómo usar su tiempo. También crea un universo alternativo con su propio conjunto de reglas que gobiernan los usos socialmente aceptables e inaceptables de todo ese tiempo que usted no controla.

En un entorno de trabajo tradicional, las excusas socialmente aceptables son las que se usan para detener los comentarios malintencionados, como estar enfermo, una cita con el médico, un funeral, una visita a la tienda para aprovechar las rebajas, un accidente automovilístico, una tormenta de nieve, o incluso algo tan intrascendente como atender una llamada personal de su madre enferma. Si alguien le dice: «¿Dónde has estado ayer?», responder que ha estado en la consulta del médico o en un funeral va a detener el interrogatorio. Usted no puede juzgar a alguien que tiene una «buena excusa».

Las excusas socialmente inaceptables son las verdades acerca de nuestro tiempo que en un entorno de trabajo tradicional no nos atrevemos a pronunciar. Esto sucede cuando su pausa del almuerzo se alarga porque fue a la peluquería o estuvo ocupado en una diligencia personal. O cuando se va temprano porque quiere ver una película o un partido de béisbol. Si alguien le dice: «¿Dónde has estado ayer?», usted jamás respondería que ha estado en un partido de béisbol o en la peluquería. Si llega con retraso, jamás diría que tenía una resaca o que, francamente, no quería ir a trabajar ese día y la sola idea de caminar por los pasillos de la empresa le causaba tanto pavor que no podía salir de la ducha.

Pero consideremos cuánto tiempo requieren las actividades socialmente aceptables e inaceptables. (Dejaremos la discusión sobre la resaca y el pavor para más adelante.) Podría necesitar aproximadamente dos horas para una cita con el peluquero o con el médico. Un funeral o un partido de béisbol podrían requerir medio día. Algunas cosas, como recoger la ropa de la tintorería, no consumen más tiempo que una rápida llamada telefónica. Volvemos a esos 15 minutos que parecen tan importantes, pero probablemente no lo son.

Ésta es una de las ironías del lugar de trabajo: ponemos tanto énfasis en el tiempo y, sin embargo, no sabemos con certeza cuánto tiempo requieren las cosas.

Si su jefe pudiera elegir entre que usted estuviera haciendo diligencias personales durante media hora o que estuviera en una reunión de una hora en la cual la necesidad de su presencia es dudosa, seguramente, como la mayoría, escogería la reunión. Aun cuando usted pueda garantizar que no se hará nada útil en la reunión y que incluso podría durar más de una hora, muchos gerentes prefieren tener a sus empleados sin hacer nada durante el horario de trabajo tradicional que fuera de su vista y en una actividad productiva para su propia vida. Preferimos tener a todos «presentes y controlados» que «afuera haciendo cualquier cosa».

La razón de esto es que las reglas del trabajo están más relacionadas con lo que aparenta ser el trabajo que con lo que realmente se lleva a cabo. Si le diéramos libertad a los empleados para manejar sus propias vidas, ellos se aprovecharían de eso, ¿no es así? Si no estuviéramos todos trabajando en el mismo edificio, alguien podría abusar del privilegio. Estaría afuera haciendo algo socialmente inaceptable con su tiempo. Si deja que las personas hagan lo que desean, robarán, engañarán y fornicarán como animales.

Nosotras hemos descubierto que ocurre exactamente lo contrario. Cuando las personas están en un ROWE, son verdaderamente más responsables porque ahora gozan de libertad. Los empleados no abusan del privilegio de administrar su tiempo y llevan a cabo más tareas. Tampoco ignoran a los clientes por su propia conveniencia, sino que están más concentrados en ellos. No actúan con soberbia, sino que son más humildes por la confianza que se deposita en ellos.

En un entorno de trabajo tradicional hay una línea que separa la conducta socialmente aceptable de la conducta socialmente inaceptable. En un ROWE, esa línea desaparece. En un ROWE, todo es aceptable, siempre y cuando se lleve a cabo la tarea. Y si no hay resultados, entonces eso es inaceptable. Ni su asistencia, ni su tendencia a callar en las reuniones, ni sus tatuajes, ni su risa estridente son inaceptables. Pero si no lleva a cabo su trabajo, no puede conservar su empleo. Si hace bien su trabajo, gana libertad.

> ### SÍ, PERO...
>
> **«¿Qué pasa si alguien le necesita cuando usted está en su casa viendo una película?»**
>
> La respuesta a esta pregunta es que no siempre se puede acceder a las personas en un entorno de trabajo tradicional. ¿Qué importa si alguien está haciendo compras en la tienda de comestibles o en una reunión? De uno u otro modo, está ocupado. La única diferencia es que en un entorno de trabajo tradicional ir de compras a una tienda de comestibles es socialmente inaceptable. Además, si hay una verdadera urgencia y sólo una persona puede ayudarnos, entonces en la empresa existe un problema más serio que la disponibilidad de una persona.

Por otra parte, los equipos empiezan a trabajar juntos con más eficiencia. Se consigue el apoyo y la formación recíproca espontánea porque todos se benefician de esta libertad. Siempre y cuando las metas y expectativas sean claras, los empleados comprenden que si nos ocupamos de nuestros clientes, entonces tenemos tiempo para nosotros mismos. Además, dejan de invertir tiempo y energía en aparentar conformidad con las normas culturales del entorno laboral y usan ese tiempo y energía en su tarea. Finalmente, responden a las expectativas del cliente, en lugar de a las expectativas del jefe sobre cómo debe ser el trabajo.

Esta nueva actitud cambia la jornada laboral. Cuando cualquier uso del tiempo es socialmente aceptable, la gente no tiene inconveniente en ampliar el horario durante el cual está dispuesta a trabajar, aun cuando no necesariamente trabaje más horas. Ahora volvamos a la plataforma digital TiVo para aclarar esta idea sobre su trabajo. Por ejemplo, tras despertarse, alguien podría responder a algunos correos electrónicos mientras todavía está en su casa, luego quizá podría hacer algunas diligencias por la mañana (mientras se mantiene en contacto a través del móvil) y llegar después a la oficina y trabajar hasta las cuatro. Entonces, regresa a su casa, vive su vida y esa noche trabaja durante una hora o dos. Está llevando a cabo el mismo trabajo que si se hubiera levantado, preparado y acudido al trabajo a las ocho y se hubiera marchado a las cinco; pero una parte de la tarea se hizo antes del horario típico de oficina y otra parte después de ese horario.

La clave es esa visita al supermercado a las nueve de la mañana, en lugar de al final del día. Cuando eliminamos la barrera entre los usos del tiempo socialmente aceptables y socialmente inaceptables, entonces los empleados asumen el control de sus vidas. Ese equilibrio entre demanda y control sobre el que hablamos antes se restablece. Ahora ellos consiguen cosas en su vida y en su trabajo, y ambas cosas no se consideran necesariamente diferentes.

El impacto que este cambio tiene en las vidas de los empleados puede ser enorme. Algunas personas usan este Indicador para hacer las cosas rutinarias, como ir espontáneamente al parque con sus hijos. Otras lo utilizan para hacer cosas excepcionales. Una empleada que conocemos usa su libertad para estudiar. En lugar de seguir cursos nocturnos durante años, asiste a las clases y estudia durante el día: durante las horas de trabajo normales. Y, por consiguiente, puede obtener su doctorado más rápidamente sin sacrificar su empleo. Lo mejor de todo es que ella no tiene dudas acerca de cómo usar su tiempo. Es una empleada por horas, el tipo de persona que incluso en el entorno de trabajo tradicional más flexible estaría supeditada al reloj.

El personal tiene una cantidad ilimitada de «tiempo libre remunerado», siempre y cuando lleve a cabo su trabajo

Aparte del horario flexible, no hay nada parecido a una política de vacaciones empresarial para hacer sentir desgraciados a los empleados. Tómese demasiado tiempo libre y provocará los comentarios malintencionados de algún «mártir» del departamento por disfrutar de la vida, mientras él invierte en el trabajo largas horas de dedicación y sufrimiento. Tómese pocas vacaciones y algún sabelotodo del departamento va a acusarle de no tener vida privada, de ser inhumano, un adicto al trabajo que, en realidad, necesita vivir un poco. Tómese unas vacaciones durante un periodo de trabajo intenso y estará abandonando a sus compañeros de trabajo en un momento de necesidad. Tómese unas vacaciones durante un periodo de baja actividad y habrá quien dirá que la vida sigue sin usted, y que se preguntarán si está haciendo algo que valga la pena. Un beneficio que debería ser un premio —algo que hace sentir bien al personal— se convierte en una oportunidad para los comentarios malintencionados.

El tiempo de vacaciones también se distribuye de tal modo que recuerda a las personas su lugar en la organización. Alguien con una posición inferior podría obtener sus horas de vacaciones conforme a una fórmula que tiene en cuenta las horas trabajadas. Más que ser reconocido por sus logros, usted será premiado por el tiempo que pasa en la silla. Mientras tanto, alguien con una posición superior podría tener asignado un periodo de vacaciones en el papel, pero luego se le recuerda que nadie por encima de cierto nivel hace todas sus vacaciones. Además, existen reglas sobre cuándo se pueden tomar las vacaciones (por favor, no se vaya de vacaciones en sus primeros seis meses aquí) y sobre cómo se deberían solicitar (usando un formulario V1295 que se presenta un mes antes del periodo propuesto y está sujeto a la aprobación de la dirección). También existe esa práctica encantadora de hacer desaparecer todos los días de vacaciones a fin de año si no los usa. Esto es como si alguien cocinara para usted una deliciosa comida y después le retirara el plato porque no ha comido con suficiente rapidez.

Si alguien en el mundo empresarial estadounidense se ha tomado unas vacaciones completas (sin culpa, ni temores, ni comentarios de su jefe o compañeros), nos gustaría enterarnos. Es imposible crear un sistema más defectuoso y miserable. En lo que concierne a las vacaciones, uno no puede ganar.

En un ROWE, el personal se concentra en los resultados, no en cuántas horas ha fichado. El tiempo libre ilimitado no significa que todos tengan vacaciones permanentes remuneradas. Como hemos dicho antes, en un ROWE, uno tiene más responsabilidad, no menos. Es responsable de llevar a cabo su tarea ante los miembros de su equipo y ante sus clientes. Uno no puede dejar su trabajo a sus compañeros mientras se va a la playa.

El tiempo libre ilimitado significa que ya no será remunerado por los espacios de tiempo. En un entorno de trabajo tradicional, le pagan por las horas que no le pertenecen. En un ROWE, se pagan los resultados de su tarea. El tiempo es suyo para que haga con él lo que desea.

El tiempo libre ya no es un premio. El premio es el control de su tiempo.

Pensemos en esas dos semanas o en esa semana de vacaciones en el entorno de trabajo tradicional. Las personas están tan abrumadas y estresadas que, a menudo, cuando finalmente consiguen unas vacaciones, pasan los primeros tres o cuatro días experimentando los efectos alucinantes de tener tanto tiempo bajo su control. El statu quo priva a las personas del control de su tiempo, de modo que cuando lo tienen no saben qué hacer consigo mismas. Pueden perder la capacidad de gobernarse a sí mismas. O necesitan tanto tiempo para recuperarse que sólo empiezan a disfrutar de las vacaciones cuando ya han pasado la mitad de los días disponibles, y luego, cuando se aproxima el último domingo de vacaciones, se sienten desgraciadas y aterradas porque no quieren volver al trabajo.

En un ROWE, las personas tratan el tiempo libre de un modo diferente. Para empezar, no sienten la necesidad de unas vacaciones tan agudamente porque están trabajando cuando es más productivo para ellos, no cuando es menos productivo. Recuerde que un ROWE no consiste en un horario flexible, ya que en un ROWE no hay horario. Por lo tanto, los empleados hacen algunas pausas entre las tareas, como una manera de administrar su propia energía. Pueden trabajar intensamente durante tres días enteros y luego tomarse un descanso de un día, y después trabajar de nuevo durante otra jornada y tomarse tres días libres. Y lo mejor de esto es que no tienen que dar cuenta de nada. Si hacen su parte, entonces no tienen que justificar su tiempo.

En la práctica, este Indicador significa cosas muy diferentes para los distintos empleados. Hay personas en tareas orientadas al proyecto, como Trey, que trabajan como locos para completar su trabajo del mes en dos semanas y luego viajan durante las dos semanas siguientes, mientras se comunican permanentemente a través del móvil y del correo electrónico. Están esencialmente de vacaciones durante la mitad del tiempo. (También son noctámbulos durante la otra mitad del mes, pero ésa es una elección suya.)

Incluso las personas en los puestos más orientados al proceso pueden beneficiarse de un modo similar. Los equipos en un ROWE se cubren entre sí, y ello permite que los miembros tengan un tiempo libre ilimitado, y no tengan que dar cuenta, necesariamente, de ese tiempo libre. Sus compañeros de trabajo aceptan que se vaya a México durante dos semanas, porque el mes próximo usted estará trabajando cuando alguien tenga que ir a Dallas para visitar a su abuela.

Hay personas que utilizan este Indicador para realizar actividades combinadas. Conversamos con un empleado que salió de Minneapolis un domingo y se dirigió en coche a Boulder, en Colorado, para visitar a su hermano. No se tomó un periodo de vacaciones. Ni siquiera le dijo a nadie dónde estaba hasta el miércoles. Durante tres semanas trabajó en Boulder y, según él, su trabajo no fue muy diferente. Entre su móvil y su ordenador portátil, no hubo ninguna interrupción en su flujo de trabajo. Lo único que cambió fue que, cuando necesitaron su presencia en una reunión, los que la programaron tuvieron que encontrar una sala donde hubiera un teléfono con altavoz.

No hay horarios de trabajo

Éste puede ser un Indicador difícil, especialmente para la dirección. Durante años y años los equipos de gestión superior se reunían para decidir qué era necesario hacer, y luego los gerentes tenían que definir qué tareas se debían llevar a cabo, por quiénes y cuándo. Los gerentes tienen sus piezas de ajedrez (también conocidas como empleados) y las mueven sobre el tablero de acuerdo con la filosofía más reciente de mejoramiento del proceso, sus años de experiencia o, a veces, incluso su instinto.

🔍 SÍ, PERO...

«¿Qué pasa con el cumplimiento de la legislación federal?»
El ROWE es un cambio de paradigma en nuestro modo de trabajar, y puede pasar algún tiempo antes de que la legislación federal llegue a comprender cómo vive y trabaja la gente en la economía global que funciona las 24 horas 7 días a la semana. Por ejemplo, ahora tenemos la Ley de Licencia Médica y de Familia, que cubre cosas como la baja por maternidad. Creemos que esta legislación sirve a un buen propósito, pero todavía no sabemos cómo este tipo de ley cambiará con el ROWE. Si alguien tiene un niño y desea reestructurar su vida de un modo diferente (en vez de estar completamente «desconectado» del trabajo durante tres meses), tendrá esa libertad en un ROWE, siempre y cuando lleve a cabo su trabajo. Aunque todavía no está claro cómo será esto desde un punto de vista legislativo. Hay cierto tipo de preguntas, como qué es la baja por invalidez, que concierne tanto a los empleados asalariados como a los que trabajan por horas. A medida que el ROWE se extienda, todos tendremos que trabajar juntos para resolver estos problemas.

Aun cuando podrían quejarse de estar bajo el control estricto del Jefe, los empleados valoran tener un buen horario de trabajo. Eso los libera de la incertidumbre de no saber qué hacer con su tiempo, y los obliga a concentrar la atención en completar las horas, más que en obtener resultados, lo cual crea una tensión de otro tipo. Con un horario de trabajo hay menos cosas que un empleado pueda imaginar.

Pero ése es el problema. Los horarios de trabajo que son impuestos desde arriba sólo toman en cuenta el punto de vista de una persona o de un grupo de personas sobre lo que se necesita llevar a cabo en el trabajo-gerencia. Cuando los gerentes mueven sus piezas de ajedrez sobre el tablero, están perdiendo de vista lo que esas piezas podrían aportar a la conversación sobre lo que es necesario hacer.

En 2005, advertimos un fenómeno deplorable pero no sorprendente durante algunas de las migraciones. Vimos que en algunos casos las secretarias administrativas no asistían a las reuniones del ROWE. Cuando empezamos a averiguar los motivos, descubrimos que muchas suponían que esta nueva manera de trabajar no era para ellas.

Afortunadamente, dentro de Best Buy hay un grupo profesional sólo para el personal administrativo. Fuimos a su reunión mensual y escuchamos. Fue una reunión muy triste. Descubrimos que muchas personas todavía trabajaban con la vieja mentalidad de la secretaria. Si bien la compañía las llamaba asistentes administrativas y aducía que eran valiosas para la empresa, ellas todavía se sentían como secretarias. Por lo tanto, empezamos a desafiarlas. ¿Realmente tiene que sentarse fuera de la oficina de su jefe y esperar órdenes? ¿Qué pasa si el jefe está de viaje? ¿No puede tener su teléfono conectado? ¿Acaso no tiene acceso remoto a la Intranet de la compañía? Todas saben cómo hacer estas cosas, pero se sienten como si no las merecieran.

Nosotras no estamos de acuerdo con esto, no sólo a nivel humano, sino también desde un punto de vista empresarial. Incluso el personal en las funciones de apoyo se puede beneficiar con el control de su tiempo. Todos merecen trabajar libremente. Cuando eliminan por completo los horarios de trabajo, entonces todos los empleados se ven obligados a tomar decisiones sobre cómo emplear su tiempo y cómo responder a las necesidades de la empresa de una manera fluida. Esto es tan válido para el empleado administrativo como para los directivos. Si les da un control sobre su propio trabajo, y si les da metas y expectativas claras, entonces ellos no sólo pensarán cómo hacer el mejor uso de su tiempo, sino también de su energía. Como veremos en el próximo capítulo que aborda los detalles prácticos del trabajo en un ROWE, cuando uno trata a las personas como adultos, ellas responden como tales.

Opiniones de un ROWE: Ami

Ami trabaja en el área de promociones online. Es una colaboradora individual. Tiene treinta y pico años y ha estado en un ROWE durante dos años.

La erradicación del Lodo puede ser difícil al principio, especialmente durante las dos primeras semanas, y con un superior aún más. Yo me siento cómoda cuando hago cambiar de idea a mi jefe, pero, al principio, algunas personas no lo ven de ese modo. Lo cual me parece correcto, siempre y cuando sean conscientes de ello.

Si uno tiene una relación tensa con su gerente antes de entrar en un ROWE, va a ser aún más importante abordar ese problema una vez que ingrese en el ROWE. Al mismo tiempo, debería dar al personal una base para valerse por sí mismo. La compañía fomenta eso. Uno tiene que ser capaz de decir: «En un ROWE, yo no siento que me están permitiendo hacer mi mejor trabajo dónde y cuándo elija». Al principio, esto es difícil porque nos sentimos divididos entre lo nuevo y lo viejo. No obstante, el hecho de poder defender el valor facilita las cosas. Por ejemplo, yo me niego a hacer un esfuerzo innecesario, y me niego porque quiero añadir un valor.

Un ROWE da a todos el poder de cuestionar el valor. ¿No es extraño que no hayamos hecho esto antes? ¿Por qué no lo hemos cuestionado nunca? Diez personas asisten a una reunión, pero sólo dos de ellas preguntan y responden. ¿Por qué estoy aquí? Porque he recibido una invitación. La perspectiva ha arruinado la productividad. Esto sólo es una broma. Pero ¿qué pasa si alguien tiene cuatro compromisos a la vez? Se solía pensar que esa persona era importante. Sin embargo, ahora uno mira a esa persona y se pregunta qué tipo de valor puede estar añadiendo.

Ahora trabajamos en diferentes lugares y en horas distintas, de modo que la comunicación se hace más intensa. Uno tiene más claridad acerca de las expectativas y los plazos y está constantemente imaginando la mejor manera de trabajar en equipo. Quizá piensa que ya lo está haciendo, pero no es así. Ésta es la paradoja de un ROWE. Se solía pensar que todos teníamos que reunirnos para llevar a cabo la tarea. Pero ahora la respuesta es que todos tenemos que estar separados para hacer las cosas. Por lo tanto, cuando estamos juntos es con un fin más estratégico que supuesto. Esto tiene un propósito deliberado.

Si hay algo que los escépticos comprenden con claridad es que ellos no pierden tanto control como piensan. Todo se reduce a los resultados, y los gerentes tienen algún control sobre lo que deben ser esos resultados. Aunque los empleados no necesitan estar tan controlados como solían estarlo antes: ahora, estoy mucho más motivado porque tengo más equilibrio. Puedo decir no a las cosas que no añaden valor y puedo concentrarme en las que me apasionan. Puedo hacer un análisis más profundo de nuestra competencia y puedo hacer ofertas que son más beneficiosas para nuestro grupo.

De este modo, la confianza aumenta porque vemos los resultados. Quizá pueda discutir si esto sólo sirve para hacer más feliz al personal o si sólo es un beneficio. Pero, indudablemente, hace que la vida sea mejor y también produce resultados ¿Cómo alguien puede cuestionarlo?

5

Cómo se lleva a cabo la tarea en un ROWE

Hemos dicho al comienzo que, cuando presentamos la idea de un ROWE, la gente se divide en dos grupos. Algunos no sólo ven de inmediato cómo este nuevo modo de trabajar sería beneficioso para todos, sino que también pueden apreciar que un ROWE es inexorablemente pragmático. Comprenden que si se da suficiente confianza, apoyo y dirección, la mayoría de los empleados aprovecharán la ocasión y llevarán a cabo su trabajo de un modo oportuno y responsable.

También están aquellos que imaginan el fin del mundo.

Para los agoreros, la mayor libertad de los empleados significa menos logros. No pueden imaginar que con este sistema la gente trabaje. Piensan que, al menos, el statu quo permite cierta medida de estabilidad y control, aunque el trabajo sea agobiante. Sin ese control, una empresa cae en la anarquía.

En 2006, las oficinas centrales de Best Buy tenían más empleados trabajando en un ROWE que en un entorno de trabajo tradicional. En ese momento, aunque una persona no estuviera en un ROWE, seguramente conocía a alguien que lo estaba y quizá trabajaba de forma rutinaria con un equipo o departamento que había hecho la transición. Y, sin embargo, cuando hacemos una sesión de migración ROWE, todavía hay personas que se resisten. A pesar de que ven que sus compañeros tienen éxito personal y profesional con el ROWE, a pesar de que reconocen que su manera de trabajar no es la mejor, siempre hay al menos una persona que dice que ésta es una buena idea para otros, pero para *su* grupo o *su* equipo sería un desastre. En su opinión, el trabajo simplemente no se llevaría a cabo.

A estas alturas, creemos que es necesario mencionar una de las verdades sorprendentes acerca del Trabajo Orientado Exclusivamente por Resultados: no es tan diferente.

En efecto, ahora las operaciones diarias en casi todas las oficinas centrales de Best Buy, que operan dentro de un ROWE, se desarrollan casi del mismo modo que antes. Las personas conversan por teléfono. Escriben en sus ordenadores y lo que escriben desencadena procesos. Tienen ideas. Se reúnen y colaboran. Llevan a cabo estrategias que ayudan a los clientes internos y externos. Las tareas cotidianas en Best Buy no han cambiado. Los valores fundamentales de la compañía tampoco han cambiado. El modo de trabajar parece diferente, pero las tareas de las personas son en gran parte las mismas.

Sin embargo, un ROWE requiere un ajuste en la manera de abordar el trabajo, y los siguientes cinco Indicadores le ayudarán a comprender lo que muchas personas desean conocer: ¿cómo se lleva a cabo el trabajo? Si las personas ya no dependen del reloj, si no hay horas centrales ni vacaciones remuneradas, si los empleados no se juzgan unos a otros por el tiempo que están o no están en la oficina, entonces, ¿qué llena ese vacío? Si toda reunión es opcional, ¿eso significa que las personas nunca se reúnen? ¿Cómo se manejan las emergencias? ¿Cómo, cómo, cómo?

He aquí cómo ocurre:

- El trabajo no es un lugar adonde uno va; es algo que uno hace.

- Los empleados tienen libertad para trabajar del modo que desean.
- La asistencia a las reuniones es opcional.
- No hay ninguna emergencia de último momento.
- Los empleados en todos los niveles descartan cualquier actividad que representa una pérdida de tiempo para ellos, para el cliente o para la compañía.

El trabajo no es un lugar adonde uno va; es algo que uno hace

¿Por qué tenemos ciudades? ¿Por qué tenemos edificios de oficinas? Hubo una época en que tenía sentido para las personas que trabajaban en una industria común reunirse para compartir información e ideas. Se necesitaban distritos financieros, distritos de moda, terrenos para estudios cinematográficos y pueblos construidos en torno a la industria automotriz, porque si las personas no podían reunirse físicamente, entonces era imposible llevar a cabo la tarea.

¿Y hoy cómo se lleva a cabo la tarea? Piense en todo el trabajo que ahora existe en forma de datos. Piense en los millones de bytes de datos orales, datos de correo electrónico y datos visuales que fluyen a nuestro alrededor en un día corriente. Es asombrosa la cantidad de trabajo que llevamos a cabo a través del teléfono o el correo electrónico, con personas que pocas veces conocemos personalmente, o también con personas de todo el país o del planeta a quienes jamás conoceremos. Incluso hay personas que trabajan en industrias de la «vieja economía», como la manufactura o la agricultura, que operan con una gran cantidad de datos electrónicos. Todo el mundo es un trabajador del conocimiento.

Lo más curioso acerca del trabajo es que cada día somos

más los que vamos a un espacio físico para hacer una tarea virtual.

Vamos a los cubículos que nos han asignado y nos sentamos en nuestras sillas asignadas para enviar y recibir correos electrónicos que sólo existen en paquetes de información digital.

Hablamos por un teléfono conectado mediante un cable a la pared para poder mantener conversaciones que se transmiten vía satelite a personas de todo el mundo.

Trabajamos con un ordenador portátil que nunca se desconecta de su servidor.

Usamos las neuronas de nuestros cerebros para trabajar con ideas que se espera que estimulen las neuronas de los cerebros de otras personas.

Cuando se obliga a los empleados a estar en un lugar específico a una hora determinada cada día, obviamente esas personas no van a dar lo mejor de sí mismos. Si se les ocurre una idea fuera del horario y lugar permitidos, la descartarán. Y algunos de ellos, cuando están en el trabajo, desearían estar en otra parte. Nada apaga más la creatividad y la innovación que el resentimiento.

En un ROWE, el trabajo no es un lugar adonde uno va; es algo que uno hace. La tarea que desarrolla en su mente puede suceder en cualquier lugar que se encuentre. Cuando la gente y las organizaciones adoptan esta idea, liberan a las personas para que hagan su mejor contribución. Dele al personal el control de su tiempo y su trabajo, y empezará a dar con soluciones creativas e innovadoras a los problemas, en todo momento y en todos los tipos de lugares. En un ROWE, los empleados trabajan donde y cuando lo hacen mejor, lo cual significa menos tiempo y energía invertidos en ir y venir del trabajo, y más tiempo y energía en hacer el trabajo real.

Esto quiere decir que no hay más viajes diarios de una o dos horas. Parte de ese tiempo ahora se invierte en resolver los problemas que surgen en el trabajo. El resto de ese tiempo es suyo.

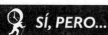

SÍ, PERO...

«Yo prefiero tener un horario regular de ocho a cinco. Quiero ir a mi empresa, hacer mi tarea y luego marcharme. No quiero tener que pensar demasiado.»

Uno de los atractivos de un ROWE es que se adapta a los diferentes niveles de ambición. Si prefiere trabajar de ocho a cinco, puede hacerlo, pero las personas como Trey, que quieren seguir a su grupo favorito tanto como desean ejercer una profesión, encuentran en el ROWE la libertad necesaria para manejar su vida de tal modo que puedan disfrutar de sus aficiones tanto como de sus empleos. Siempre y cuando la tarea se lleve a cabo, el resto es una elección suya.

Pero si sólo desea ir a su trabajo y cumplir un horario, entonces un ROWE no es para usted. Los verdaderos holgazanes (que, en realidad, constituyen una pequeña minoría) no duran mucho en un entorno de Trabajo Orientado Exclusivamente por Resultados. La buena noticia para el resto de nosotros es que en un ROWE esas personas ya no pueden ocultarse en la organización o especular con el presentismo. En casi todos los departamentos de Best Buy, los porcentajes de rotación involuntaria (es decir, las personas que son despedidas por no cumplir con su tarea) aumentaron después de que migraron. Por otra parte, los porcentajes de rotación voluntaria (es decir, las personas que deciden irse a otra compañía) disminuyeron abruptamente. Los empleados que están dispuestos a hacer su tarea no se van.

Esto quiere decir que no hay más presentismo. Si el trabajo es algo que uno hace, no un lugar adonde va, es imposible eludir la tarea. Si no responde a sus expectativas ni cumple sus metas, ya no tiene la excusa de estar trabajando «en su puesto».

Esto significa más comunicación con sus compañeros de trabajo, con su jefe y con la dirección. Quizá piense que el hecho de tener menos personal en la oficina todo el tiempo puede conducir a una interrupción en la comunicación, pero ocurre todo lo contrario. En un entorno de trabajo tradicional, no necesita ser eficiente en su comunicación con los empleados porque sabe que siempre están allí y puede contar con eso. Puede hacer preguntas vagas o confusas porque sabe que si no obtiene una respuesta clara siempre es posible pedir una aclaración personalmente. En un ROWE, uno trata de sacar el máximo provecho de la interacción porque necesita hacerlo. Todavía puede contar con la disponibilidad de los miembros de su equipo, pero no siempre están cerca. No puede usar el tiempo de las personas como solía hacerlo en un entorno tradicional y tiene que ser mucho más eficiente en sus interacciones.

Los empleados tienen libertad para trabajar del modo que desean

En un ROWE, ya no se juzga a las personas por su estilo de trabajo. Ya no se supone que todos aprenden y procesan la información del mismo modo. En un ROWE, se pone a las personas y sus competencias en primer lugar y se relega el puesto o los títulos a un segundo plano. Si la tarea se lleva a cabo, no importa cómo se haga (siempre que, desde luego, las personas procedan de una manera ética y legal, y conforme a los valores de su compañía). Ya no se juzgan los estilos de trabajo individuales.

Por consiguiente, si piensa mejor cuando camina, entonces váyase a dar una vuelta. Si trabaja mejor durante la noche, entonces haga su tarea por la noche. Si necesita la estructura de un horario de trabajo más tradicional, entonces trabaje de ocho a cinco.

Para algunos, la reacción visceral a esta idea es que las personas serán menos eficientes y aplicadas si no se les proporciona una estructura. Pero, en realidad, ocurre todo lo contrario. Ésta es una de las paradojas del ROWE. Dé a las personas más libertad y responderán con más dedicación, no con menos. Cuando les da más control para responder a sus demandas, son más aplicadas y puntuales. Una mujer que entrevistamos nos dijo que ahora era mucho más objetiva. Podía divertirse y cumplir con sus obligaciones sin inconvenientes. Dado que su tiempo le pertenecía, era capaz de resolver los problemas y hacer bien su trabajo. Aun cuando la fecha tope fuera de tres días, ella y su equipo respondían a los pedidos en 24 horas porque no se ganaba nada con la demora.

 SÍ, PERO...

«¿Los empleados nuevos o los recién graduados no necesitan experiencia para acceder a un ROWE?»

Un ROWE no discrimina por la edad, el sexo, la raza o los años de servicio en la compañía. Algunos de los empleados de Best Buy que trabajan en un ROWE son personas mayores. Otros son jóvenes. Algunos se han iniciado ayer. Siempre y cuando un empleado tenga expectativas claras, no importa dónde se encuentre en su vida o su carrera. Si son capaces de hacer su trabajo, entonces un ROWE es apropiado para ellos.

Otro efecto secundario interesante de un ROWE es que se adquiere una nueva perspectiva sobre los «empleados problemáticos»: es decir, los empleados que no siempre contribuyen en las reuniones, o que parecen demasiado turbados cuando usted visita su oficina sin anunciarse, o los que son socialmente torpes con las personas que no hablan el lenguaje específico de su especialidad.

En un ROWE estas personas pueden prosperar porque, en lugar de considerar *cómo* están produciendo, uno se concentra en *qué* están produciendo. Esto no quiere decir que la política empresarial desaparece, sino que la política tradicional de la oficina es menos importante porque todos son juzgados por los resultados, por lo que producen. Lo que uno produce se mide a través de metas y expectativas que se establecen y supervisan durante todo el año. (Ya no se reescriben sus metas a mitad de año para que coincidan con lo que realmente está haciendo, y no hay más exámenes del desempeño imprevistos o sorpresivos.) Los trasnochadores dejan de andar como sonámbulos durante las mañanas y los madrugadores no tienen que fingir que siguen siendo eficaces después de las tres y media de la tarde.

Este Indicador no significa que el empleado no responda a los clientes en un plazo oportuno o que nunca esté en la oficina. Jamás se le permitiría usar el ROWE como una excusa para no hacer su trabajo. Pero si desea hacerlo desde un café o desde el hogar, o si prefiere trabajar un sábado por la noche o un domingo por la mañana, es lo mismo. Ya no existe el prejuicio de pensar que, si no está en una oficina, entonces no está trabajando.

Como hemos dicho antes, la mayor parte de los empleados vienen a la oficina casi todos los días. Para muchas personas que trabajan en Best Buy, la idea de que tienen la libertad de trabajar donde y cuando quieran es algo que está fuera de discusión. Lo más importante no es la oportunidad, sino la confianza. Cuando una compañía se compromete con un ROWE, se está comprometiendo con los resultados, pero también con un nivel de confianza sin precedentes. Para muchas personas, contar con esa confianza es suficiente. Todavía trabajan en un horario regular, pero lo ven de un modo diferente, porque saben que si lo necesitan, si surgen demandas en sus vidas, tienen el control sobre su tiempo para tomar una decisión y adaptarse a las circunstancias.

En consecuencia, los empleados se consideran propietarios de su trabajo. Dado que son remunerados por los resultados, empiezan a actuar como empresarios y se sienten como si tuvieran intereses en la empresa.

La asistencia a las reuniones es opcional

Éste es quizás el más difícil de los 13 Indicadores porque esta idea desafía las propias bases del statu quo. Si les dice esto a algunas personas, reaccionarán como si estuvieran a punto de tener un ataque. ¿Las reuniones son opcionales? ¿Cómo se comunicarán las personas? ¿Cómo lograrán un consenso? ¿Cómo van a colaborar? *¿Cómo van a conseguir que se lleve a cabo una tarea?*

Podríamos escribir un libro entero acerca de las reuniones, pero el objetivo de este Indicador no son las reuniones en sí mismas, sino las suposiciones que hay detrás de ellas, o sea que el mismo acto de la reunión es una forma de trabajo. Pero no es así. Si en la reunión se lleva a cabo una tarea, entonces en ella se está trabajando. Si no se realiza nada, entonces es sólo un acontecimiento social elaborado, una manera elegante de perder el tiempo.

Nuestra historia favorita sobre reuniones nos la proporciona Phil, el especialista en mejora de procesos, nivel Black Belt, Seis Sigma. Un día, antes de entrar en el ROWE, Phil no pudo venir al trabajo debido a una tormenta de nieve, lo cual en Minnesota es quizás una de las excusas más aceptables. Phil tenía seis reuniones programadas para ese día, que se cancelaron porque todos habían tenido problemas para llegar a la oficina. Cuando Phil fue al trabajo al día siguiente, descubrió que cuatro de esas reuniones nunca tendrían lugar. Una se resolvió con un correo electrónico, otra con una llamada telefónica. Él había pasado gran parte de ese día preocupado por esas seis reuniones. Incluso estaba dispuesto a conducir bajo condiciones meteorológicas adversas para asistir a ellas. Ahora que está en un ROWE piensa mucho en ese día de nieve. Cuando surge una invitación a una asamblea o cuando está pensando en cómo programar una reunión, se pone sus «gafas protectoras» y pregunta: «¿Esta reunión es realmente necesaria? Si hoy hubiera una tormenta de nieve, ¿esta reunión se suspendería, se podría resolver con un correo electrónico o, en realidad, no importa si se celebra o no?»

El Trabajo Orientado Exclusivamente por Resultados le da a todo el mundo poder para cuestionar el valor de una reunión. Esto significa que cualquier empleado en cualquier nivel puede discutir su necesidad de participar en una reunión. Un administrativo puede poner en tela de juicio a un vicepresidente. (Esto no siempre ocurre, pero puede suceder.) En un ROWE se puede cuestionar las reuniones semanales del personal. Incluso se puede cuestionar la formación «obligatoria». En cualquier momento, todo el mundo tiene la libertad —incluso alentada— para asegurarse de que la manera de emplear su tiempo (y el tiempo de la compañía) es productiva.

Este Indicador no signfica que las personas tengan que renunciar a todas las reuniones, o que puedan renunciar a una reunión que produce un resultado, o que puedan ser irrespetuosas y desconsideradas. El propósito es dar al personal el poder y la oportunidad para discutir acerca del valor.

Todos hemos estado en una reunión donde hay diez personas pero sólo dos de ellas hablan.

Todos hemos sido convocados a una reunión por alguien, simplemente porque esa persona tenía la autoridad para convocar a otras como una manera de ejercer su poder.

Todos hemos oído a personas que muestran su importancia y valor para la organización haciendo alarde de todas las reuniones a las que tienen que asistir.

Todos hemos observado cómo algunas personas abusan de programas como Outlook para programar reuniones que atentan contra el sentido común.

♀ SÍ, PERO...

«No hace falta que estén todos presentes. Sólo quiero transmitir mi mensaje y ya está.»

La próxima vez que tenga una reunión «obligatoria» fíjese bien. Siempre hay alguien ausente por alguna razón socialmente aceptable —enfermedad, viaje, etc.—, de modo que pocas veces se consigue reunir a todos. E incluso, si se intenta, no siempre se puede localizar a todas las personas. Algunas eluden las reuniones. Otras son descartadas. Por lo tanto, siempre hay concesiones en una organización, y muchas veces los empleados se cubren unos a otros. Al mismo tiempo, si usted es el tipo de empleado que necesita ser estimulado constantemente, en un ROWE debe corregir eso. Obtener resultados significa conseguir la información que necesita, desde su oficina o no. Hay un gran incremento de la responsabilidad cuando las personas trabajan en un ROWE.

Por lo tanto, considere los resultados en primer lugar. Cuando surge una invitación a una reunión en un ROWE, es otra oportunidad para tomar parte en esa conversación constante de exploración de los resultados. ¿Cuáles son los resultados que estamos intentando producir? ¿De qué modo esta reunión, en este momento y con estas personas, puede producir esos resultados? ¿Quiénes deben estar realmente en esta reunión? ¿Debe tener lugar o podemos resolverla a través del correo electrónico?

Cuando mantiene una reunión en un ROWE, tiene que ser muy específico acerca del propósito de la reunión, sobre la contribución que se espera de los participantes, acerca de lo que las personas aprenderán en la reunión y cómo todo esto puede ayudar a producir resultados claros y concretos. Cuando invita a alguien, debe decirle: «Necesito que estés allí por esta razón. Éstos son los resultados que deberíamos obtener y el tiempo que necesitamos para lograrlos». Y luego debe dar a esa persona la oportunidad de responder. Puede decirle: «Entiendo, pero yo no soy la persona adecuada». O: «Puedo ayudarte con eso, pero qué te parece si te doy antes los datos X e Y. De ese modo, podríamos pasar más tiempo colaborando en la reunión que intercambiando información entre nosotros».

En un ROWE, la cantidad de reuniones se reduce y el número de personas que asisten a ellas también disminuye, pero la colaboración y el trabajo en equipo aumentan. Esto sucede porque las personas están más comprometidas durante el tiempo en que se encuentran. Los empleados dan prioridad a su trabajo. Se concentran más en lo que necesitan de las personas. Y aprenden más acerca de sus compañeros de equipo y de los socios empresariales que en el pasado, porque intentan activamente imaginar cómo trabajar mejor juntos. Una de las ironías de un ROWE es que, cuando las personas pasan menos tiempo juntas, hacen esas interacciones más útiles y significativas.

Algunas personas aceptan fácilmente este cambio en la cultura de las reuniones y lo incorporan sin reparos. Para otras, que no tienen tantas reuniones o se sienten obligadas a cuestionarlas puede ser más difícil. Nosotras hemos desarrollado una cultura del consenso y la cooperación en la vida empresarial que es muy reconfortante para la gente. Hay personas que prefieren ser el décimo invitado en una reunión numerosa que sólo necesita tres participantes. Quieren estar bien enteradas de lo que está ocurriendo en la organización, aun cuando nada de eso tenga que ver con su tarea. Les gusta alentar (o desalentar) al grupo. En otras palabras, les encanta reunirse.

Sin embargo, deberíamos desafiar a la gente para que considere cuidadosamente hasta qué punto son eficaces las reuniones.

¿Realmente necesita la contribución de todos los miembros del equipo para adelantar un proyecto?

¿Realmente necesita que todos en la organización estén «dispuestos a acelerar» cada decisión?

¿Realmente tienen que *estar* juntos para poder *trabajar* juntos?

No hay ninguna emergencia de último momento

Cada corporación tiene su propio lenguaje interno para las cosas innecesarias o inservibles. En Best Buy las llamamos emergencias (algo semejante a los simulacros) y abordajes. ¿Recuerda los simulacros de incendio en la escuela? Podía haber un simulacro un par de veces al año y, aun cuando los niños se lo tomaran a broma, los maestros lo consideraban seriamente y al final todos se ponían en fila. Usted aprendía a moverse rápidamente y (nuestra frase favorita) «de un modo ordenado». Aunque un simulacro de incendio sea sólo un simulacro, eso caracteriza a la empresa.

Ahora pasemos a un escenario empresarial. Un alto ejecutivo necesita repentinamente un informe de ventas fuera del periodo de informes regulares. O un director necesita una actualización inmediata sobre un proyecto que se espera para el otro mes. O el presidente está visitando los despachos porque necesita averiguar lo que están haciendo los empleados.

¿Qué ocurre entonces? ¡Una emergencia! Cuando nos integramos a la compañía, la primera vez, somos engañados por esta falsa urgencia. Más tarde, al cabo de seis meses, comprendemos que muy pocas de estas peticiones son realmente urgentes. A menudo es el capricho de un directivo, o el resultado de una planificación ineficiente. A veces la petición queda sin efecto, antes de tener una oportunidad de responder. Después de un tiempo, no se puede decir cuál es una crisis real y cuál es una crisis ficticia. En el peor de los casos, cuando surge una gran crisis, es posible moverse de prisa para corregir los errores pasados, o para ponerse al día con el trabajo que no se ha terminado porque se estaba en una reunión sobre la última tanda de trabajo que no se pudo acabar.

En el otro extremo del espectro está el abordaje. La ejecutiva Jill puede tomar una importante serie de medidas con las peticiones de último momento. El mandadero Joe no puede hacer tal cosa, pero sí puede acudir a su oficina para hacerle «sólo una pregunta». El resultado del abordaje es el mismo. Tiene que interrumpir el trabajo que está haciendo y concentrar su atención y energía en Joe, darse tiempo para responder a esa pregunta y luego volver a concentrar su atención en lo que estaba haciendo. Pero ¿qué estaba haciendo?

Este Indicador aborda la planificación y la previsión. Mírelo de esta forma: si las personas están trabajando a su manera, no limitadas a una oficina física, y si lo hacen cuando es mejor para ellas, entonces todos tienen que planificar más y necesitan tener muchas conversaciones sobre los resultados. No se puede contar con acudir a la oficina de alguien para obtener una rápida respuesta a esa pregunta que debería haber hecho hace una semana. No puede tener las espaldas cubiertas con un vago comentario en la próxima reunión. No puede esperar que alguien responda a esa pregunta que usted hizo el mes pasado y que no comentó con nadie. Y ya no puede sacar de apuros a su jefe por su falta de previsión.

Esto no quiere decir que las emergencias no existen, ni que el personal es holgazán o carece de motivación, sino que usted ya no reacciona todo el tiempo. Ya no crea la ilusión de estar trabajando al hacerse cargo de una emergencia que no habría ocurrido si alguien hubiera planificado un poco. No va a tener que oír: «Necesito esto para las cinco en punto». Porque se ha comunicado todo el tiempo con su jefe y con los miembros de su equipo sobre cuándo se debe emprender la acción. Ya no vive en un mundo de dramas innecesarios.

En la práctica, esto significa una nueva manera de interactuar con su gerente. Le corresponde a usted cultivar una relación sólida con los gerentes porque tiene que ser capaz de comunicar qué necesidades satisfacer y cómo se va a realizar la facturación. En un ROWE, hay un diálogo más abierto y ese tipo de conversaciones sobre el examen de desempeño que usted tenía una o dos veces por año en un trabajo tradicional es el tipo de conversaciones que tiene cada semana.

Por otro lado, los gerentes están obligados a cumplir un papel de mentor más que de supervisor. Como gerente, su tarea ya no es supervisar, sentarse cómodamente y esperar que el personal tenga éxito o fracase. En un ROWE, los gerentes asumen un papel mucho más activo en el éxito de sus empleados porque, si no pueden comunicar las metas y expectativas, entonces todo el sistema se derrumba. No puede juzgar a las personas por lo que aparentan trabajar; sólo puede juzgarlas por el trabajo que producen. Por lo tanto, es mejor que tenga una idea clara del trabajo que debe llevarse a cabo.

Para muchas personas, esta nueva orientación hacia los resultados, la planificación y la previsión es uno de los mejores aspectos del Trabajo Orientado Exclusivamente por Resultados. Esto significa que utiliza menos estratagemas con el personal; hay menos maniobras políticas y se pasa menos tiempo tratando de hacer feliz a la gente de maneras intangibles. Ahora tiene una misión y la cumple, y cuando los empleados y gerentes se unen para trabajar, en lugar de comprometerse en una nociva competencia interna, les resulta mucho más fácil hacer su tarea. Los empleados aprenden unos de otros acerca de sus respectivas tareas. Sus compañeros no necesitan saber todo lo que está haciendo ni cómo lo hace, pero si usted no está en la oficina, pueden hablar de su proceso y su progreso relativo.

Hay un verdadero trabajo en equipo, incluso en un departamento con muchos empleados autónomos. Por ejemplo, uno de los departamentos de Best Buy está integrado por empleados que trabajan por horas y sólo son responsables de su propia tarea. Su trabajo es procesar los pedidos dentro de las 24 horas. El proceso tiene que ser preciso pero también rápido (el cliente no puede tolerar un retraso). Antes del ROWE, el personal procesaba aproximadamente 15 pedidos por hora. La productividad con el ROWE aumentó el 13 por ciento y se consiguió mejorar la calidad. La razón de esto es que el personal ya no es juzgado por el desempeño individual. Dado que ahora los empleados no trabajan todas las horas del día, todo el equipo es responsable de los resultados empresariales. Como dice su gerente, «Compartimos los éxitos y los fracasos», y esto significa más planificación y más comunicación.

Aprender cómo comunicarse en un ROWE requiere tiempo. Uno de los peligros de un ROWE es que el empleado suele respetar demasiado el tiempo de los otros. Esto es positivo, pero, al principio, también puede conducir al personal a ser excesivamente respetuoso. No usan el teléfono, aun cuando la persona a la que están llamando sea más accesible a través del móvil. A menudo, resuelven ese problema con una lista de preferencias sobre cómo desean ser localizados. Quizá prefieren un correo electrónico, luego un móvil, después el teléfono del trabajo y, por último, el teléfono de casa. Al principio, hay serias dificultades, pero finalmente encuentran una manera de conseguir lo que necesitan de sus compañeros y respetar su tiempo.

Sin embargo, el Trabajo Orientado Exclusivamente por Resultados no es una prueba para el empleado, es una prueba para el gerente. Un ROWE llega a ser un campo de ensayos para los miembros del equipo superior de gestión. ¿Pueden cumplir su misión de comunicar las expectativas y hacer responsables a sus empleados? ¿Pueden desarrollar sistemas para conseguir la información que necesitan, sin hacerlo a través de emergencias y abordajes?

Como dijo un gerente, esto consiste en ser «claro y preciso». Los gerentes no pueden sentirse cómodos con una respuesta negativa o un rechazo de sus empleados. No pueden desarrollar la carrera de una persona a expensas de otra. En ese caso, los gerentes dejan de administrar y empiezan a liderar.

Los empleados en todos los niveles descartan cualquier actividad que representa una pérdida de tiempo para ellos, para el cliente o para la compañía

Cuando se ocupa de su vida, ¿desarrolla procesos excesivamente complejos para llevar a cabo sus objetivos? ¿Pasa su tiempo libre buscando sistemas y programas para comprar regalos de cumpleaños, preparar la cena o alimentar al perro? ¿Tiene reuniones periódicas de familia para discutir si todos están cumpliendo sus obligaciones, qué tipo de obligaciones tienen y qué tipos de resultados deben producir?

¿Por qué pasamos tanto tiempo de nuestra vida laboral hablando de los asuntos que necesitamos llevar a cabo, en lugar de realizarlos, simplemente?

En cualquier organización, siempre hay un derroche de esfuerzo. Siempre hay demasiado trabajo. Dado que se mide la productividad de acuerdo con el reloj, entonces el personal necesita estar ocupado durante las 40 horas de la semana. Y si su tarea real sólo requiere 20 horas, hay que darles otras 20 horas de información. Desde luego, debe haber una forma de mantener a esas personas ocupadas.

En un entorno de trabajo tradicional, no existe un incentivo para que el empleado haga más eficientemente su trabajo, porque si logra hacer su tarea con más rapidez, todavía tendrá que trabajar las horas. Por lo tanto, la gente ralentiza el trabajo para que su tarea abarque la cantidad de tiempo socialmente aceptable. Y, si bien pueden objetar la necesidad de ocuparse de proyectos de baja prioridad, jamás dejarían de hacerlo porque alguien podría pensar que no están cumpliendo con su obligación.

En un ROWE, los empleados automáticamente organizan su propio trabajo y eliminan las tareas que no son prioritarias. Así como pueden objetar la necesidad de asistir a una reunión, también pueden considerar si están haciendo el mejor uso de su tiempo realizando una tarea, o si ésta es necesaria. En un ROWE, todos son pensadores innovadores, porque pueden llevar a cabo su trabajo más rápida y eficientemente, y de esta forma tener más tiempo para sí mismos. Todos tratan de producir resultados porque el premio es el control total de su tiempo.

Esto no significa que las personas omitan un proceso crítico o que hagan el menor esfuerzo posible para terminar una tarea innecesaria, sólo para librarse del trabajo. En realidad, esto quiere decir que los empleados se sienten propietarios del trabajo que hacen, porque tienen el poder de decidir qué es lo mejor para ellos. ¿Cuál es su mejor estilo de trabajo? ¿Cuáles son sus horas más productivas del día? ¿Cómo pueden contribuir mejor a la compañía?

Algunos creen que este derroche se elimina como por arte de magia. Pero esto no es magia; es el resultado de concentrarse en los resultados. Si conoce bien en qué consiste su trabajo, entonces mide su desempeño de acuerdo con lo que se supone que debe hacer. Pero no hay ningún incentivo para cuestionar cómo pasa el tiempo. Si tiene una meta clara, entonces puede comprobar mentalmente si la actividad que realiza favorece o no la meta.

Cuando se le restituye su tiempo al personal, éste lo valora más, porque es suyo otra vez. Como veremos en el próximo capítulo, esto cambia completamente no sólo cómo se lleva a cabo la tarea, sino también cómo se percibe el trabajo.

Opiniones de un ROWE: Javier

Javier es un empleado autónomo que trabaja en la división punto-com de Best Buy. Tiene cincuenta y pico años y ha estado en un ROWE durante dos.

Hace poco el vicepresidente de mi departamento me preguntó cómo me desenvolvía con el ROWE. Siempre he pensado que el ROWE es un buen sistema de trabajo, pero ahora ha adquirido un nuevo significado para mí.

Hace aproximadamente tres semanas, recibí la noticia de que mi hermano había fallecido. Vivía en Indiana. La noticia de su muerte fue obviamente difícil de aceptar, pero había un elemento añadido que me producía más inquietud. Mi madre tiene Alzheimer y mi hermano era su principal apoyo junto con una ayudante que está con ella entre semana. Por consiguiente, no sólo trataba de superar el dolor de esta pérdida, sino que enseguida pensé cómo mi madre seguiría recibiendo los cuidados que necesita. Me quedé totalmente postrado, y me pregunté cómo iba a manejar esta situación. En realidad, no sabía cómo actuar.

Envié un correo electrónico a mi equipo para informarles de lo que había ocurrido y que viajaría a Indiana para asistir al funeral. Ni siquiera toqué el tema del Alzheimer. Mis compañeros querían ayudarme y me ofrecieron hacerse cargo de mi trabajo mientras estuviera afuera. Dijeron que fuera a Indiana para ocuparme de los asuntos de familia y que no pensara en el trabajo en absoluto. Éste fue un gesto amable, pero yo sabía que necesitaba mantenerme conectado con mi tarea en Best Buy. Sé que muchas compañías consideran que, cuando fallece un miembro de la familia, uno «debería» desconectarse durante un tiempo. De hecho, algunas empresas te obligan a hacer eso. Pero en mi caso realmente deseaba seguir conectado por mi bien y por el bien de la compañía (quizá *más* por mí mismo que por la compañía). Sabía que la posibilidad de distraerme con el trabajo me ayudaría a superar lo ocurrido.

Después de haber comunicado la noticia, viajé a Indiana para el funeral y llevé conmigo mi ordenador portátil. Seguí haciendo mi trabajo y fui capaz de manejar la situación y asumir las responsabilidades familiares. El hecho de ocuparme de ambas cosas me hizo sentir bien.

Mientras estuve en Indiana, no usé mis vacaciones. De hecho, no pedí ningún día libre. Ahora que me encuentro en un ROWE, pedir cualquier tipo de baja me parece absurdo. El tiempo libre no cuenta, lo importante es llevar a cabo el trabajo, a pesar de las circunstancias. Incluso trabajé desde Filipinas durante una semana y no me tomé días libres. Pude hacer mi trabajo gracias a Internet, y muchas personas ni siquiera sabían que estaba fuera de la ciudad. Si pidiera días libres cada vez que estoy fuera de la oficina o haciéndome cargo de mis responsabilidades familiares, ¡ya haría mucho tiempo que habría agotado mi periodo de vacaciones!

Ahora, mi hermana y yo nos ocupamos de atender a mi madre cada semana. Por ejemplo, pasaré el viernes, sábado, domingo y lunes en Indiana para cuidarla. Llevaré mi ordenador portátil y me sentiré bien porque sigo trabajando mientras cuido de mi madre. Antes de la muerte de mi hermano, la mujer que cuida de mi madre de lunes a jueves había programado hacer vacaciones durante tres semanas en septiembre y durante ese tiempo mi hermano se iba a hacer cargo de mi madre. Ahora han cambiado las cosas, pero gracias al ROWE podré ser yo quien la cuide. Iré a Indiana durante 10 días. Y no me tomaré vacaciones porque seguiré haciendo mi trabajo.

Si no estuviera en un ROWE, no sé cómo habría resuelto esta situación. En el viejo entorno de trabajo, tendría que haber pedido unos días para el funeral de mi hermano y luego, probablemente, una excedencia o incluso renunciar a mi empleo para cuidar de mi madre que vive fuera del estado. Esto se habría sumado a mi estrés y también habría afectado a mi compañía.

Además de haberme resultado muy útil tras la muerte de mi hermano, el ROWE ha hecho maravillas con mi equipo empresarial. Nuestra productividad ha aumentado y todos hablan de ello, porque es algo que ha pasado sin proponérnoslo, mientras estábamos concentrados en el trabajo y en llevarlo a cabo. Ya no hay que cumplir una serie de normas empresariales y el personal no tiene tiempo para cotilleos. El ROWE no consiste en eso, sino en que cada uno lleve a cabo su tarea. Eso es todo.

En un ROWE, no importa quién está en la oficina. Cuando entro en la oficina, nunca sé quién estará allí. Además, mis sentimientos hacia mis compañeros de trabajo han cambiado. Ahora me siento verdaderamente feliz de verlos. El ROWE ha hecho de mi trabajo no sólo una ocupación, sino algo que realmente me importa.

Si me fuera de Best Buy a una nueva compañía sin un ROWE, es posible que me juzgaran mal por mi modo actual de trabajar, porque eso es lo que ocurre cuando no estás de acuerdo con las políticas de oficina y con todas las normas empresariales que se aplican. Todos están pendientes del reloj. Porque lo que más importa es el tiempo que se pasa en el escritorio. Pero en un ROWE uno se encuentra en un mundo donde todo lo que cuenta es llevar a cabo tu trabajo. Ya no hay más normas ni horarios. Ahora nos hemos liberado de eso.

6

Por qué la vida es mejor en un ROWE

Hay una idea, una especie de ética laboral machista, que sostiene que el trabajo es una batalla, que el trabajo es la guerra. El vocabulario popular sobre la empresa está lleno de expresiones agresivas o combativas: guerra de precios, competencia despiadada, canibalismo. Es como si el éxito no pudiera alcanzarse sólo por excelencia personal, y fuera necesario derrotar a los enemigos.

¿Es así como sucede? Quizá.

No cabe duda de que para algunas personas la empresa es una batalla y la victoria se considera como ganar una guerra. Y estamos seguras de que los verdaderos titanes de la industria deben sentir que tienen una enorme cantidad de poder cuando toman sus decisiones y que, cuando una corazonada o un riesgo dan buen resultado, debe ser muy gratificante.

Pero decimos «quizá» a toda la idea de la empresa-como-batalla porque, si bien admiramos al hombre de empresa aguerrido y podemos aplaudir (no siempre) al empresario macho alfa, francamente, la mayor parte del trabajo no es tan dramática. Para muchas personas, la empresa no es en absoluto una batalla. No hay territorios para conquistar. La mayoría de la gente se levanta, va a trabajar y hace sus tareas con diferentes grados de éxito. No necesitan tener todos los lujos, ni una mansión, ni un yate, ni un perfil en *Forbes*. Necesitan hacer su trabajo, ser debidamente remuneradas y que las dejen en paz. No sueñan con tener la cabeza de su competidor disecada y colgada en la pared de su oficina.

Sin embargo, esta metáfora de la empresa-como-batalla es interesante debido a las actitudes que revela acerca del trabajo y por lo que permite hacer a las personas con poder en nombre de la gloria empresarial.

La empresa como guerra significa que hay una cantidad aceptable de bajas.

La empresa como guerra significa que se producen daños colaterales.

La empresa como guerra significa que las personas y las ideas, y a veces incluso la ética, se sacrifican.

¿Qué se hace con los trabajadores corrientes en nombre de la empresa como guerra? La respuesta es Lodo. Si todos aceptamos que el trabajo tiene que ser de cierta manera y sentirse de cierta manera, si todos aceptamos que ocasionalmente tenemos que hacer sacrificios (de nuestro tiempo, nuestra idea de la justicia, nuestro sentido de la decencia), entonces realmente no hay límites para lo que se puede hacer en nombre del trabajo.

Pero no estamos hablando solamente de la ética empresarial, sino también de las decisiones que toman las compañías y corporaciones. Si bien creemos que las empresas deberían tener integridad y ética, eso no nos interesa tanto como el trato que se da a las personas y cómo se sienten en el trabajo. Estamos hablando de cómo debe cambiar todo el discurso acerca del trabajo. No tiene que ser un campo de batalla donde algunas personas ganan o pierden. El trabajo puede ser un lugar donde todos encuentran su nivel, su lugar y un sentido de propósito en la vida. Todos deben ser respetados y valorados, y no sólo porque esto es algo humano, sino porque tiene sentido empresarial.

Cuando la empresa es como una guerra, no se tiene que respetar a las personas como seres humanos. Las órdenes son órdenes.
Cuando la empresa es como una guerra, no se tiene que confiar en nadie. Todo se basa en una necesidad de saber.
Cuando la empresa es como una guerra, las personas no son realmente personas. Son peones en el juego de ajedrez.

Lo peor es que nuestra cultura cree que estas actitudes acerca del trabajo son correctas. Nosotras lo llamamos Resignación al Lodo. Las personas no tienen otra opción que aceptar el statu quo. Uno no puede luchar contra la burocracia. Esto es inevitable. Por eso soportamos esta sensación de estar en guerra todo el tiempo, y sacrificamos nuestra libertad y nuestro bienestar porque eso es lo que hay que hacer para progresar. La gente pierde su identidad, su personalidad y su humanidad. Adopta la identidad del equipo. Porque si no lo hace, no tendrá lo que necesita.

Nosotras creemos que las historias como la de Javier son personalmente gratificantes. La idea de que un ROWE puede ser de ayuda para alguien en un momento de necesidad nos hace muy felices. Al mismo tiempo, no ofrecemos esta historia solamente como un testimono acerca del poder de un ROWE. También invitamos al lector a preguntarse por qué el trabajo no puede ser de otra manera. ¿Qué se ganaría, en un nivel humano o empresarial, con el hecho de castigar a Javier por tener demandas fuera del trabajo? Sería como castigarlo por ser una persona.

Su historia siempre será reconfortante y alentadora, pero ¿no sería maravilloso si también fuera la norma? Nosotras no vemos este tipo de beneficio para los empleados como una pérdida para los empresarios. Como dijo Javier, él y su equipo nunca habían sido tan productivos.

Desde luego habrá ganadores y perdedores. Habrá éxito y fracaso. Pero no estamos en una guerra y no deberíamos sentir que estamos en una guerra sólo porque vamos a trabajar.

Por lo tanto, los siguientes Indicadores, si bien abordan algo aparentemente ajeno a la empresa, como los sentimientos, son un aspecto esencial del Entorno de Trabajo centrado únicamente en los resultados. Un ROWE no hace más fácil su tarea, pero hará que el trabajo no sea tan duro. Si las personas no se sienten libres, tranquilas y responsables, entonces no está trabajando en un ROWE, porque la clave es que el trabajo se perciba de un modo diferente. El ROWE no es reconocible como un trabajo, es algo diferente, algo mejor.

He aquí los Indicadores que permiten que eso suceda:

• Nadie juzga cómo emplea usted su tiempo.
• Nadie habla de cuántas horas ha trabajado.
• Nadie se siente culpable, agotado ni sometido a tensiones.
• Cualquier día puede ser como un sábado.

Nadie juzga cómo emplea usted su tiempo

Éste es el Indicador de no tolerancia al Lodo. Por ejemplo, un equipo en Best Buy no tenía una cantidad enorme de Lodo antes del ROWE, pero, aun así después de la migración tuvo que esperar un tiempo para liberarse completamente de él. Había cosas sutiles, como cuando las personas trabajaban desde casa y se sentían obligadas a informar sobre todo lo que hacían. En una ocasión, un empleado cayó

160

enfermo, pero no pidió el día de baja, simplemente se tomó un antigripal y completó toda la tarea, pero sus compañeros lo tomaron a broma y dijeron que había trabajado mucho mejor con el medicamento y que, quizá, debería enfermarse más a menudo.

Pero su jefe de equipo intervino y dijo que no podían hacer bromas sobre el asunto. Porque aun cuando las personas se burlen para poner a prueba los límites de un ROWE, eso puede tener un efecto dominó, pues debido a los comentarios, uno puede reincidir. Las bromas sobre el tiempo que se dedica al trabajo —aunque sean realmente graciosas— socavan la confianza. Este tipo de bromas se basan, finalmente, en la suposición de que no está bien trabajar y vivir de este modo.

Este Indicador no significa que las personas sean irrespetuosas con la dirección, ni que haya una alteración total de los valores de la compañía, confusión o falta de dirección. En realidad, ocurre todo lo contrario.

Los empleados muestran un respeto absoluto por el trabajo y las personas que lo llevan a cabo.

Hay una confianza total entre el empleado y el gerente.

El personal se concentra en el resultado final y únicamente en el resultado final.

Imagínese libre de los juicios sobre cómo emplea su tiempo. Usted entra en su oficina y hace su trabajo. Si a la una necesita renovar sus energías, lo hace. Se lleva consigo el móvil por si alguien necesita llamarlo. Ni siquiera tiene que decirle a nadie adónde va. No tiene que dar una excusa poco convincente, porque nadie va a juzgarle. Si se encuentra en un parque de atracciones, no tiene que decir: «Estoy trabajando afuera, pero te prometo que pronto estaré de vuelta». Puede decir: «¿Qué necesitas?» Responder a la pregunta, colgar y ya está. (También puede esperar que la persona que llama deje un mensaje, exactamente lo que hace cuando se encuentra en una reunión.)

☦ SÍ, PERO...

«Uno no puede borrar lo que las personas tienen en la mente. Y no puede impedir que los empleados digan cosas desagradables sobre los otros.»

Esto es cierto. Siempre hay personas que juzgan qué hace con su tiempo. Sin embargo, en un ROWE parecería un estúpido si se atreviera a juzgar a los demás. Así como es inaceptable decir algo racista o sexista en un entorno de trabajo tradicional, en un ROWE nadie se atreve a juzgar el tiempo. Juzgar el tiempo de las personas no es socialmente aceptable. Más aún, el ROWE le da los mecanismos para responder a ese juicio. Así pues, mientras en un entorno de trabajo tradicional el patán de la oficina puede decir impunemente cosas groseras porque es el jefe, en un ROWE, si alguien juzga lo que hace usted con su tiempo siempre puede recurrir a la Erradicación del Lodo. Quizá no tenga el poder para impedir que las personas actúen como estúpidas, pero puede hacerlas callar.

No hay juicios más o menos favorables. No hay ningún tipo de juicio. En realidad, las personas están demasiado ocupadas en sus tareas reales. Hay mucho que hacer. Los empleados pueden abordar su trabajo con una mayor profundidad y concentración, porque ahora están comprometidos.

Uno experimenta una extraña sensación cuando entra en la oficina y no oye ningún juicio acerca del empleo del tiempo. Tampoco oye juicios acerca de los aspectos agradables del trabajo. Imagínese que entra en un edificio de oficinas y ve despachos ocupados, despachos vacíos, alguien que camina por el pasillo, alguien que toma un café o se marcha al gimnasio, personas reunidas en una sala de conferencias y empleados que conversan junto a un dispensador de agua. Ahora imagínese que no es capaz de hacer ningún juicio sobre la productividad de esas personas. La única manera de saberlo es ver si están produciendo resultados. No puede suponer nada. No puede mirar el reloj, ni pensar que alguien tiene el pelo húmedo porque ha estado nadando, o que no lo ha visto desde hace una semana. En un ROWE, uno no puede suponer que ellos están holgazaneando o abusando de la compañía.

Entonces, si es imposible juzgar a las personas por cómo utilizan su tiempo, ¿qué puede hacer? A menudo, nada, porque no es asunto suyo. Si obtiene de las personas lo que necesita para hacer su trabajo, eso es suficiente. Simplemente, no tiene que usar su tiempo para juzgar a nadie.

Ahora, véalo desde otra perspectiva. Imagine que entra en una oficina y no se siente juzgado. Llega a las tres. Ha estado fuera durante tres días, pero ha seguido trabajando desde casa, en un club de golf o en un café. Usted entra y la gente le saluda. No hay miradas, ni sonrisas irónicas, ni ojos en blanco, ni ostracismo. No tiene que prever ningún comentario, ni estar preparado para dar una razón por la cual ha estado ausente durante tres días, ni decir alguna tontería sobre las dificultades del trabajo, para compensar el hecho de no haber ido a la empresa. Al contrario, entra en un espacio completamente neutral, porque todos reciben el mismo trato. No los juzga y ellos no le juzgan.

Entonces, si las personas no le están juzgando, ¿qué sucede? Debe estar seguro de haber llevado a cabo su trabajo. Porque si no lo está, se encontrará en apuros. En realidad, necesita destacarse. Ya no puede fingir más: tiene que hacer su trabajo. Debe comunicarse con sus compañeros de trabajo y con su gerente. Tiene que imaginar cómo hacer las cosas de un modo más eficiente y más ingenioso. Así pues, entra a las tres y hace su trabajo.

Como hemos dicho antes, en un ROWE el trabajo no es tan diferente. Se siente diferente. Como la gente no juzga su uso del tiempo y sólo juzga sus logros, experimenta una sensación profundamente liberadora. Disfruta de su libertad.

Nadie habla de cuántas horas ha trabajado

Este Indicador puede ser muy beneficioso para muchas personas, porque ahora no tienen que jugar una partida en la que saben que no pueden ganar.

¿Conoce a esa persona en su oficina que alardea sobre la maratón de la semana laboral? ¿La que casi está dispuesta a mostrarle sus cicatrices de guerra? ¿Oye a las personas que se quejan de todas las reuniones a las que tienen que asistir? ¿Las que tienen tantas reuniones que no les queda ni un minuto para un respiro, porque son increíblemente importantes y necesarias? Si fueran más necesarias para la organización, se volverían locas. ¿Y qué me dice de los mártires de las vacaciones? ¿O de los mártires que comen en el escritorio? ¿O de los mártires que no tienen tiempo para comer?

En un ROWE, ya no tiene que escuchar esa cantinela. No obtiene un mérito adicional por el tiempo que dedica al trabajo. No hay héroes de la ficha de control. No hay héroes de las horas extras.

Como comentó un empleado de Best Buy, «Si alguien dijera que trabajó sesenta horas, la primera reacción sería: «¿A quién le importa?» La segunda reacción sería: «Entonces deberías mostrarme un trabajo excepcional de sesenta horas. Porque eso es todo lo que la gente quiere ver. ¿Lo has conseguido?»

En un ROWE, si uno quiere venir los fines de semana o quedarse hasta tarde o entrar más temprano, la gente supone que es su elección personal sobre su estilo de trabajo. No supondrán que es más aplicado, más trabajador o más talentoso. De hecho, si realmente aumenta las horas, eso podría hacer sonar algunas alarmas.

En un ROWE, las personas le dan consejos para hacer mejor su trabajo.

En un ROWE, su gerente tratará de ayudarle a hacer las cosas con más eficiencia para que usted pueda comprometerse con su tarea.

En un ROWE, las personas sonríen amablemente y le preguntan qué ha hecho.

Los empleados en un ROWE suelen destacar la claridad de este Indicador. Cuando las personas no hablan ni alardean de las horas que han trabajado —cuando la empresa no reconoce el tiempo, sino los resultados—, las cosas son más claras. En lugar de medir el tiempo y la dedicación a su tarea, sólo se mide la eficacia. Entonces, identificar y resolver los problemas llega a ser mucho más fácil.

Esto no significa que los empleados se aprovechen del sistema o que no haya una capacidad de planificación. Todavía puede hablar del tiempo. Todavía puede planificar en torno al tiempo. «Creo que esto me llevará dos semanas» o «Necesitamos desarrollarlo en un mes para asegurarnos su implementación». En realidad, aquí los logros no se basan en el tiempo.

Esto no es fácil para algunas personas. Hay mucha gente que basa su vida y su identidad laboral en una voluntad de hierro. Pero hay personas que necesitan —o creen que necesitan— invertir muchas horas para llevar a cabo su trabajo. Sin embargo, este Indicador pone el dedo en la llaga del presentismo. ¿Acaso abogar por el presentismo no es hacer un alarde de las horas?

Desde luego, el trabajo también tiene un aspecto social. Y uno de los puntos débiles de un ROWE es que la gente puede empezar a sentirse desconectada. Esto es natural. Aquí, las personas procuran interactuar en los equipos y la organización para tener actividades sociales. Ésta no es una interacción forzada. El equipo decide qué necesita conectar en un nivel social y luego imagina la mejor manera de obtener ese resultado. Esto es más significativo que planear reuniones sin un propósito.

Entrar en un ROWE también puede ser difícil para los nuevos participantes porque es una estructura diferente. Pero una vez que las personas entienden que allí no hay ninguna presión, solamente la presión de obtener resultados, entonces cambia la situación. Los recién llegados comprenden que no tienen que mentir. No tienen que entender las reglas secretas de la cultura, como estar siempre presentes o completar una falsa ficha de control o coger la delantera al jefe. Los nuevos participantes no tienen que parecer ocupados. Simplemente, pueden hacer su trabajo.

Esto es válido para todos. Imagínese que conversa con alguien y el tema de las horas trabajadas nunca aparece. Digamos que usted es eficiente y puede llevar a cabo su tarea rápidamente. Eso es muy conveniente porque tiene más tiempo para usted. Aunque parezca extraño, al principio las personas calculan las horas trabajadas. Pero después de un tiempo, cuando les pregunta cuántas horas han trabajado, realmente no lo saben. Podrían reconocer que su trabajo es más díficil o más fácil, que están más o menos ocupadas, pero dado que la línea entre lo socialmente aceptable e inaceptable desaparece, las personas no registran su tiempo en un cuaderno de trabajo y un cuaderno de tiempo libre. No se ocupan de eso. Saben que es más interesante para ellos ser listos y eficientes en sus tareas. Porque cuanto menos tiempo inviertan en producir esos resultados, más tiempo libre tendrán para ocuparse de sus asuntos personales.

Nadie se siente culpable, agotado ni sometido a tensiones

El estrés puede causar serios problemas a una persona. Conversamos con una empleada que solía estar tan estresada cuando venía a trabajar que tenía accidentes de tráfico. La mayor parte de los accidentes eran sin importancia, pero una vez terminó en una cuneta al costado de la carretera. La única razón de esto era que se sentía obligada a llegar con puntualidad.

Ahora llega cuando piensa que es más conveniente. Y ha dejado de tener accidentes.

Uno trabaja mucho en un ROWE. A menudo está ocupado y sepultado bajo una montaña de proyectos en un ROWE. Pero no se siente abrumado. No se siente estresado y no está completamente agotado.

Y esto es así porque usted siempre tiene el control. Cuando es capaz de controlar la situación, tiene el poder para resolver los problemas. Esto no significa que las personas no reciban apoyo, que tengan que apañárselas ellas solas, o que necesiten trabajar mucho. En realidad, quiere decir que se hacen cargo de la empresa y de sus vidas. Son personas íntegras. Piense en eso. Usted no es una persona diferente en el trabajo o en casa. Ambos aspectos de su vida deben estar bajo su control, porque es su vida.

Por lo tanto, no debe sentirse culpable de olvidar a su familia cuando está en el trabajo, ni culpable de descuidar su trabajo cuando está con su familia, porque es lo mismo.

Algunas personas piensan que en un ROWE siempre estarán trabajando, que eliminar esas barreras entre el trabajo y el tiempo libre significa que nunca dejarán de trabajar. Es cierto que el trabajo abarca más horas, pero la gente no se siente abrumada en un ROWE porque tiene el control de su tiempo.

🕴 SÍ, PERO...

El estrés es bueno. El estrés es necesario para mantener motivado al personal.

Es verdad, no todo el estrés es malo. Nosotras nos oponemos al estrés *adicional* de tener que dar cuenta de nuestro tiempo o hacer alarde de nuestro trabajo, y no poder controlar el tiempo cuando surgen problemas en la vida privada y hay que hacerse cargo de ellos. En Best Buy el trabajo puede ser muy intenso. Pero nunca veremos a una persona, equipo u organización perder su compromiso o pasión. Esto es el buen estrés. El resto no cuenta.

Hace tiempo circuló una noticia acerca de los franceses que se echan una siesta en el trabajo. Y teniendo en cuenta cómo respondieron los norteamericanos, usted habría pensado que los franceses tenían relaciones sexuales sobre sus escritorios. A pesar de todos los estudios que confirman que el descanso aumenta la productividad, eso se consideró ridículo en la prensa estadounidense. Esas siestas son tiempo perdido, una negligencia. Si alguien no puede con su carga de trabajo, siempre habrá otra persona que pueda. Las personas se quejan y son débiles.

O quizás esa gente sólo necesita decidir cuándo hacer una pausa.

Trabajar mucho y sentirse estresado y abrumado no le convierte en un héroe. Eso no significa que usted sea una persona tenaz, sino que está dispuesta a tolerar más tonterías que los demás.

He aquí una idea que parece radical, pero no es de un ROWE: ¿Qué pasa si hoy no siente deseos de trabajar? ¿Qué pasa si sabe que hoy se sentirá cansado, distraído y poco motivado en el trabajo, y pasará su día como un sonámbulo?

¿Por qué ir a la oficina?
¿Por qué desperdiciar su tiempo y el de su compañía?
¿Por qué correr el riesgo de tomar una mala decisión?
¿Por qué ser una distracción para las otras personas que realmente necesitan llevar a cabo su tarea?

En el Trabajo Orientado Exclusivamente por Resultados, si no se siente bien un día y puede ser accesible a través del teléfono y el correo electrónico, y si lleva a cabo su tarea, entonces no hay ningún motivo para que no pueda tomarse el día libre.

Éste no es un día de vacaciones ni una baja por enfermedad. Usted simplemente no va al trabajo. Y no tiene que sentirse culpable.

En un ROWE, todos los sentimientos negativos acerca del trabajo desaparecen. No sólo la culpa, sino también la envidia. Cuando la gente recibe una paga, la recibe por los logros, no por representar una comedia. No podemos decir que esto elimina toda la política, pero la reduce bastante. Los empleados todavía interpretan sus papeles favoritos, pero en un ROWE es más difícil, porque las metas empresariales de una persona o de un grupo llegan a ser más transparentes y más abiertas. La gente sabe lo que las otras personas están intentando lograr y todos son evaluados de acuerdo con sus logros. De modo que si alguien consigue un ascenso, es más probable que lo merezca. Si tiene éxito en algo, no debe sentirse avergonzado por eso. Del mismo modo, no puede disimular un fracaso si se muestra amable con el personal. Lisonjear a su jefe no le sirve de nada en un ROWE. ¿No es ésta una razón suficiente para hacer este cambio?

Cualquier día puede ser como un sábado

Cuando describimos este Indicador a los empleados, piensan que hemos perdido la razón. Si todos los días fueran como un sábado, entonces las personas no trabajarían. Estarían estafando al empleador. Si todos los días fueran como un sábado, entonces todos podrían ir la playa, y no se haría nada.

Desde luego, a menudo sobrestimamos cuánto tiempo de ocio tenemos los sábados. Para muchas personas que conocemos, los sábados son días de intensa actividad que les permiten hacer todas las cosas que descuidaron durante la semana, porque su empleo las hacía prisioneras del tiempo. Esto es lo que ha hecho la semana laboral de 40 horas con el fin de semana. Todas esas necesidades se postergan para el sábado y el domingo, de modo que ni siquiera podemos disfrutar de nuestro «tiempo libre».

Hemos hablado de cómo en un ROWE el trabajo se distribuye durante la semana. Este Indicador explica cómo se *percibe* eso. En un ROWE, uno sigue ocupado, trabaja intensamente, pero lo hace de acuerdo con sus propios términos. Personaliza su tiempo, y de esta forma consigue ser más productivo, pero también disfruta. Cada día trabaja un poco y disfruta un poço, y todo eso se mezcla.

Así es como viven los empresarios y trabajadores independientes. Hable con las personas que trabajan por cuenta propia y describirán días que son intensos pero no agitados, que mezclan lo personal con lo profesional de un modo casi inseparable. La diferencia con un ROWE es que uno también tiene la estructura de una compañía. Tenemos que vivir la vida de un trabajador independiente, sin toda la incertidumbre y el riesgo que eso entraña. De hecho, ésta es la única diferencia entre el empresario, el trabajador autónomo y el empleado regular. El empresario es capaz de manejar el riesgo y quizás incluso lo prefiere. El resto —imaginar cómo usar mejor el tiempo, ser eficiente, etc.— es algo que todos podemos hacer. No es necesario inventar la rueda.

Por lo tanto, en cierta manera cualquier día puede ser mejor que un sábado: uno puede vivir su vida y, además, beneficiarse de ser parte de una organización.

En un ROWE, se atribuye mucha más importancia a los logros. El trabajo empieza a sentirse como un proyecto personal. Es como trabajar en su casa, su coche o como voluntario. La tarea puede ser agobiante, pero uno se siente realizado. Un ROWE no eliminará el esfuerzo de hacer su tarea, pero le dará un sentido a lo que hace. Vivirá cada día como un sábado porque cada día será suyo. Bienvenido a una vida que le pertenece.

Opiniones de un ROWE: Beth

Beth supervisa a un equipo de 13 empleados. Tiene cincuenta y pico años y trabaja en Best Buy desde hace cinco. Ha estado en un entorno de Trabajo Orientado Exclusivamente por Resultados durante tres años.

Cuando estábamos a punto de migrar a un ROWE, recuerdo que estaba inquieta. Nos sentamos en una sala de conferencias con otros responsables de mi área para discutir sobre el tema y, en realidad, me sentía muy preocupada por los miembros de mi equipo y por lo que podría ocurrir con nuestros resultados empresariales. Me preocupaba que el personal pudiera distraerse y perder el ritmo del trabajo. Simplemente, no podía entender cómo podíamos dejarles hacer lo que quisieran cuando quisieran. ¿Cómo diablos se haría el trabajo?

Sobre todo estaba inquieta por una empleada en particular. Cuando asumí el cargo como su gerente, ella ya había sido calificada como una persona de bajo rendimiento: alguien que no estaba encima de las cosas, una empleada que debía ser vigilada constantemente. Recibí una serie de informes negativos sobre ella de sus ex gerentes y de otros miembros del equipo, y sabía que no sería capaz de integrarse al ROWE.

No podría haber estado más equivocada.

La empleada que me preocupaba es ahora la más productiva del equipo. Estamos a mitad de año y ya ha superado su tasa de productividad del año pasado. Trabaja fuera del estado. Antes del ROWE, si me hubiera dicho que se iba a vivir a otro estado, nunca me habría imaginado que iba a ser capaz de superarse. Ahora prospera en un ROWE y no tengo que hacer nada para supervisarla. ¡Está dejando obsoletos todos los niveles que teníamos antes, de modo que no me importa dónde se encuentre! Creo que haberle dado el control de cómo emplear su tiempo ha hecho maravillas. Sólo me pregunto cuántos empleados de bajo rendimiento hay por ahí que tienen el mismo potencial, y a los que darles libertad para controlar su tiempo les haría progresar como a mi empleada de «bajo rendimiento».

Mientras observo a todo mi equipo, me asombra lo que el ROWE ha hecho por nuestra productividad. Estoy estableciendo metas extremadamente altas para ellos y las alcanzan sin dificultades. Y no se quejan. Si hubiera establecido este tipo de metas antes del ROWE, habrían protestado y chillado, y habrían ido a quejarse a recursos humanos.

Cada vez que alcanzamos nuestras metas, establezco la siguiente serie de metas un poco más altas. Y esto es lo que está ocurriendo: durante un buen año antes del ROWE, solíamos completar 300 auditorías anuales. El año pasado, en un ROWE, hemos completado 612. El *doble* de lo que solíamos hacer. Este año estamos en vías de superar la cuota del año pasado. Y hemos perdido a un miembro del equipo, de modo que lo estamos haciendo con menos personas de las que teníamos antes del ROWE.

Parte de este aumento de la productividad se debe al ROWE que ha cambiado nuestra dinámica de equipo. Ahora todos quieren ayudarse unos a otros. Cuando alguien termina con sus propias auditorías, le pregunta a sus compañeros si puede ayudarlos con las suyas. Ya no rige la premisa «Éste es mi trabajo y ése es el tuyo». Ahora es *nuestro* trabajo. En

173

otra compañía, podrían intentar un curso tras otro de desarrollo-del-equipo para conseguir este tipo de cooperación, pero nosotros no hemos hecho nada de eso. Esto es algo que el ROWE crea naturalmente.

Aparte del aumento de productividad, lo mejor para mí como gerente en un ROWE es no tener que ser el policía del equipo. Antes solía oír de mis empleados cosas como «Fulano ha hecho una pausa de veinte minutos para fumar», o «Fulano se distrae con los juegos de Internet». Ahora a nadie le importa lo que haga el otro. Antes del ROWE, oía estas tonterías cada vez que volvía de una reunión. Este tipo de cosas son una pérdida de tiempo para todos. Estos chismes y murmuraciones son muy típicos de un entorno de trabajo tradicional. En un ROWE, ya no tengo que lidiar con eso.

Mis empleados ya no tienen que presentar excusas por haber estado enfermos. Sólo hubo una empleada que tuvo que quedarse en casa para que le cambiaran el contador del agua. Antes del ROWE, habría dado una excusa por estar en casa y la habría convertido en una especie de notificación del tiempo libre. ¡Imagínese a una persona de 40 años teniendo que presentar una excusa como ésa! ¿No cree que es denigrante forzar a las personas a mentir? Piense en cuántas horas de productividad perdemos de las personas porque piden la baja por enfermedad por cosas como ésta, cuando podrían estar trabajando. Es absurdo.

Para mí, como gerente, lo más difícil de la migración a un ROWE fue renunciar al control. Antes pensaba que controlaba a mi personal. Pensaba que si estaban todos en sus escritorios era porque estaban trabajando para mí. Ahora que estoy en un ROWE, entiendo que eso era sólo una ilusión; en realidad, no tenía ni idea de lo que estaban haciendo. Como gerentes, nos aferramos a esta ilusión. Ha llegado el momento de ver, realmente, lo que nuestros empleados pueden hacer.

7

¿Qué vendrá después del ROWE?

Cuando se publique este libro, casi todo el mundo en la empresa Best Buy estará en un ROWE, pero todavía queda mucho trabajo por hacer. Necesitamos asegurarnos de que el éxito de Best Buy con el ROWE no se malogre con los principiantes. Si bien las personas que están trabajando en un ROWE harían todo lo posible para mantener su nueva situación, los equipos o departamentos, individualmente, todavía pueden retroceder. En primer lugar, los que han adoptado el ROWE en las etapas iniciales van a necesitar reforzarlo. En segundo lugar, incluso aquellos que están experimentando un ROWE con éxito necesitan apoyo. Hasta que otras compañías adopten el Trabajo Orientado Exclusivamente por Resultados, es posible que el resto del mundo vea a Best Buy como una curiosidad (y la «enlode»). También hay personas dentro de la compañía que preferirían volver al viejo entorno: el trabajo como agobio.

Afortunadamente, tenemos algunos factores a nuestro favor, como los resultados tangibles. En las etapas intermedias de desarrollo del ROWE en Best Buy, los sociólogos Phyllis Moen y Erin Kelly, del Centro de Trabajo Flexible y Bienestar de la Universidad de Minnesota, vinieron a estudiar in situ los efectos de un ROWE en los empleados. Su estudio, financiado por los Institutos Nacionales de Salud, fue una oportunidad para observar un experimento orgánico natural con una modalidad de trabajo no tradicional.

Como parte de su estudio, Moen y Kelly hicieron el seguimiento de 658 empleados. La mitad había pasado de un entorno de trabajo tradicional a un ROWE; la otra mitad continuaba en el entorno tradicional. Los investigadores compararon las experiencias de estos empleados antes del ROWE y seis meses más tarde, después que la mitad había migrado. Mediante encuestas, definieron cuatro áreas de interés: control sobre el tiempo de trabajo, salud general, conductas de trabajo y compromiso organizacional. Dado que, por lo general, se requiere un año para que la migración tenga lugar, sus hallazgos se orientaron al comienzo del proceso de cambio, pero aun así obtuvieron resultados asombrosos en las categorías de edades, géneros y niveles de empleo. (Para consultar el estudio completo, visite www.culturerx.com.)

La buena noticia fue que el personal no informó de un aumento de las horas de trabajo. Algunas personas estaban preocupadas porque un ROWE ignora el tiempo como medida de la eficacia, pero ni los empleados sentían una presión para trabajar más horas, ni los empleadores trataban de exigir más tiempo de trabajo del personal. Esto no sucedió. Por el contrario, el personal notó un gran mejoramiento en el ajuste trabajo-horario. El 42 por ciento (en comparación con el 23 por ciento del grupo de control) dijo que pensaba que su horario de trabajo estaba más en armonía con su vida, mientras el 53 por ciento dijo que tenía más tiempo para hacerse cargo de todos los aspectos de su vida (en comparación con el 39 por ciento del grupo de control). Una cuarta parte del personal tenía un incremento en las horas de sueño y un 41 por ciento había experimentado un aumento de la energía, comparado con el 35 por ciento del grupo de control. En su puesto de trabajo, las personas sentían menos presión para trabajar un tiempo suplementario y hacer tareas innecesarias. El grupo del ROWE también dijo que había experimentado menos interrupciones en el trabajo. Quizás uno de los cambios más sorprendentes fue el que los investigadores llamaron «intención de rotación del personal», que, en lenguaje profano, significa el deseo de renunciar. Una tercera parte del personal estaba más satisfecha de estar en un ROWE que en el grupo de control.

Una serie de indicadores psicológicos y de salud, como el bienestar general, el agotamiento emocional y la angustia no cambiaron en el estudio. Tenemos informes cualitativos para demostrar ese cambio, aunque las cifras del estudio no se conozcan... todavía. Decimos *todavía*, porque los cambios más importantes en las vidas personales de los empleados parecen ocurrir en un ROWE a medida que pasa el tiempo.

Aun así, los resultados de este estudio son inusuales, de acuerdo con la mayoría de las medidas. Los estudios más comunes sobre la «reforma del trabajo» han investigado casos en los cuales las compañías mejoraron el acceso del empleado a las políticas de horario flexible u otras soluciones impuestas desde arriba. Hasta ahora, los resultados han sido irrelevantes, lo cual no sorprende, dado que la mayoría de las propuestas de equilibrio trabajo-vida personal incluyen cambios técnicos y no sociales.

Todavía estamos a la espera de un estudio que analice los efectos a largo plazo de un ROWE, pero tenemos pruebas anecdóticas de que produce cambios sustanciales en las vidas de las personas. La historia de Javier sobre atender a su madre durante una crisis familiar no es atípica. Un gran número de empleados tiene historias extraordinarias sobre cómo un ROWE les ha permitido retomar los estudios, hacerse cargo de los familiares enfermos o pasar un tiempo con parientes en el extranjero. También oímos todos los días historias igualmente alentadoras sobre personas que pasan más tiempo con sus hijos, sus cónyuges o sus mascotas. Cuando decimos que un ROWE les devuelve su vida a las personas, estamos diciendo la verdad.

Dar a las personas el control de su tiempo no es una fórmula mágica. Las personas no adquieren energía ni se ponen en forma ni se liberan automáticamente del estrés (si bien alguien observó que su vida mejoraba, después que su equipo migró a un ROWE). Los empleados todavía tienen que mejorar sus propias vidas. Pero, al menos, un ROWE les da esa posibilidad.

Un ROWE también ofrece a las empresas una oportunidad de prosperar y crecer de un modo sorprendente. En realidad, detestamos hacer esto, porque no somos personas aficionadas a los gráficos y tablas, pero a veces un gráfico puede aclarar las cosas:

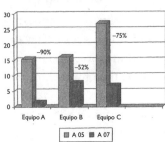

Porcentajes de rotación voluntaria del personal

En los equipos ROWE, los porcentajes de rotación voluntaria son descendentes

La compañía RETIENE el talento

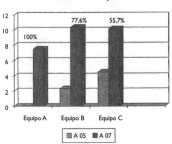

Porcentajes de rotación involuntaria del personal

En los equipos ROWE, los porcentajes de rotación involuntaria son ascendentes

Los gerentes se concentran en el RENDIMIENTO

El diagrama nos muestra que los equipos ROWE en Best Buy están experimentando un descenso en el porcentaje de rotación voluntaria, lo cual significa que la compañía está reteniendo el talento. Los equipos ROWE también experimentan un aumento en los porcentajes de rotación involuntaria, lo cual indica que los trabajadores de bajo rendimiento están expuestos. Además –y juramos que ésta es la última vez que haremos esto– los beneficios financieros son muy reales:

Acuerdo de trabajo flexible

		Ahorros de costos asociados con la reducción en la rotación voluntaria				
Equipo ROWE	Número de empleados	Rotación voluntaria A05	Rotación voluntaria A07	Mejoramiento rotación voluntaria	Coste medio por empleado de la rotación	Ahorros de la rotación voluntaria
Equipo A	~140	15,51%	0,00%	15,51%	$102.000,00	$2.214.828,00
Equipo B	~187	18,50%	2,31%	16,19%	$102.000,00	$3.088.080,60
Equipo C	~50	31,46%	4,49%	26,97%	$102.000,00	$1.375.470,00

En el Trabajo Orientado Exclusivamente por Resultados, la productividad se mide por el «beneficio percibido». La Auditoría Post-Migración de CultureRx utiliza una escala deslizante de 1-100 por ciento. Los gerentes y empleados informan de la percepción individual de su beneficio de la productividad mediante la elección de un punto en la escala deslizante. Si un empleado informa de un beneficio percibido de la productividad de, digamos, un 40 por ciento, y el gerente (que mide los «resultados de la empresa») informa de un beneficio en el resultado de los objetivos empresariales proyectados, entonces la productividad percibida está produciendo resultados reales.

Por ejemplo, la Auditoría Post-Migración de CultureRx arrojó un promedio del 44,59 por ciento de beneficio percibido en la productividad del Equipo C. Durante el tiempo que se midió el beneficio percibido, el Equipo C logró incrementar la reducción de los costes en más del 50 por ciento, de un año a otro, sin empleados adicionales. Con las otras variables iguales, la dirección en esta área dice que operar en un ROWE ha contribuido significativamente a su éxito.

Estos tipos de resultados también se obtienen con el personal de Best Buy dedicado a la producción. En el Equipo A, la dirección del departamento reporta un 10-20 por ciento de aumento en la productividad por empleado, lo cual ha producido un beneficio anual de aproximadamente 10 millones de dólares para la compañía.

Esto no quiere decir que no existan otros retos para un ROWE. Por ejemplo, ahora hay personas en Best Buy que están tratando de imaginar cómo manejar la política de vacaciones desde una perspectiva responsable. Con respecto a la productividad, es conveniente que el personal no se tome días libres como solía hacer por una cita con el médico, agotamiento o emergencias familiares, sólo para sortear los obstáculos. Pero hay que tener en cuenta que para las compañías el periodo de vacaciones es una carga, ya que deben ser pagadas cuando un empleado las toma, de modo que se registra como una deuda. Con los empleados que son asalariados y no se toman días de vacaciones, la compañía se ahorra ese coste.

Una vez que este cambio trascienda los límites de Best Buy, suponemos que las políticas de recursos humanos de todas las empresas de Estados Unidos estarán en entredicho. Los horarios de comida, los momentos de descanso, las bajas por enfermedad, los permisos por muerte en la familia y todos los instrumentos que usamos actualmente con los empleados empiezan a parecer extraños en un ROWE, pues los empleados son tratados como personas todo el tiempo. Un ROWE puede transformar el mundo de la empresa. Pero, sobre todo, son las cosas falsas las que trastocan el mundo. Los aspectos positivos del trabajo —el hecho de que las personas quieren tener un impacto y crecer personal y profesionalmente, que quieren hacer dinero y comprometerse con lo que hacen— no cambian.

Si hemos hecho bien nuestro trabajo, entonces nos preguntamos qué podemos hacer para introducir el ROWE en nuestras vidas. En realidad, éste es el próximo reto: ¿Cómo introducimos algo que crece y evoluciona orgánicamente dentro de una organización durante el curso de varios años y lo compartimos con el resto del mundo? ¿Cómo promovemos la causa del ROWE?

Aquí no usamos el término *causa* a la ligera. Así como un ROWE es una nueva manera de trabajar, también se puede definir como un nuevo modo de vivir. Nosotras queremos ver a todo el mundo en un ROWE, desde el ejecutivo más poderoso hasta el empleado recién contratado, tan nuevo en la compañía que ni siquiera sabe dónde están los servicios. Para hacer esto, vamos a necesitar educar al personal sobre el ROWE, sostener que las personas y las compañías cambian y defender nuestros derechos bajo este nuevo modo de pensar. Si el lector desea obtener más información sobre lo que estamos haciendo para liderar este movimiento, visite nuestro sitio web: www.culturerx.com. Pero, por el momento, le ofrecemos estas palabras de orientación.

En primer lugar, les pedimos a las personas interesadas por esta idea que exploren sus propias actitudes y creencias acerca del trabajo. Al final de este libro, hemos incluido la encuesta «¿Cómo es su entorno de trabajo?» Le invitamos a que responda a las preguntas y la haga circular entre sus amigos. Al final, hay una calificación, pero lo más importante del ejercicio es imaginar cómo definir su entorno de trabajo particular. La encuesta es una buena manera de descubrir por qué el trabajo es agobiante para *usted*.

A continuación, puede empezar a trabajar sobre su propia conducta. Recuerde el ejemplo de la basura en el capítulo 3. Una vez que las personas comprendieron que estaban contaminando sus carreteras, ciudades y barrios, cambiaron. Uno ya no tira esa lata de refresco vacía por la ventanilla de su coche. Sólo dar ese primer paso significa algo cuando se trata de resolver un problema que requiere un cambio social.

Lo mismo ocurre con el Lodo. Procure no juzgar negativamente a las personas. Al principio seguirá pensando mal de ellas, pero si puede evitar decirlo, va a dar un gran paso adelante. Niéguese (implícita o explícitamente) a participar en el Lodo-conspiración. Asegure a las personas que hacen uso de la «justificación del Lodo» que no necesita oír sus excusas ni explicaciones por el tiempo trabajado. Si lleva a cabo su trabajo, no tendrá quejas de los demás. Y contrólese cuando sienta que puede caer en la tentación de arrojar Lodo. Toda esa preocupación es un gasto de energía y tiempo.

Cuando cambia de actitud, descubre cómo cambian algunas personas; no todas, pero sí algunas. Cuando no intenta justificar sus acciones con respecto a cómo usa su tiempo, los demás dejan de hacer comentarios malintencionados. Lo haga conscientemente o no, para ellos ya no tiene gracia lanzarle indirectas si no provocan una reacción por su parte. Lo mismo es válido para el Lodo-conspiración. Si no participa, si no muestra que es parte de la tribu, entonces la gente no le incluye en sus tonterías. Las personas que necesitan el cotilleo tienen que irse a otra parte para conseguir su objetivo.

Nosotras también alentamos a la gente a empezar a usar términos como *Lodo*. Hemos descubierto que una poderosa manera de afrontar la adversidad es nombrarla. Ahora que tenemos un nombre para eso, úselo. Puede decirle a la gente

«Eso es Lodo». No sólo les llamará la atención sobre eso, sino que iniciará una interesante y necesaria conversación acerca de las actitudes que hay detrás de ese comentario. Incluso los pequeños cambios en su lenguaje pueden tener un gran efecto. Cuando converse sobre los problemas de equilibrio trabajo-vida personal, deje de usar el término flexibilidad y empiece a usar la palabra control («Estoy buscando un empleo con control», en lugar de «Estoy buscando un empleo con flexiblidad»). Deje de usar palabras como *temprano* y *tarde* y términos anticuados como *hacia el fin de la jornada*. No hable de cuántas horas trabaja ni del esfuerzo que ha hecho. De todos modos, empiece a usar la palabra *resultados*. Si está conversando con su compañero de trabajo o con su jefe, o incluso con amigos, dirija esa conversación hacia lo que realmente se necesita hacer. ¿Cuáles son los resultados que estamos tratando de conseguir?

Creemos que, si toma pequeñas medidas al respecto, no sólo dejará de experimentar el trabajo como un agobio, sino que también descubrirá que las conversaciones abordan naturalmente el concepto del ROWE, lo cual nos remite al papel fundamental que usted puede desempeñar para promover esta causa y hacer correr la voz.

Además de ayudar a aproximadamente 3.000 personas en las oficinas centrales de Best Buy a migrar a un ROWE, durante los últimos dos años hemos estado viajando por toda la nación para conversar con líderes empresariales, organizaciones comunitarias, escuelas, bufetes de abogados, clínicas y hospitales y todos los que estuvieran dispuestos a escucharnos. En muchas ocasiones, hemos tenido que responder a las dudas y objeciones que se plantean cada vez que exponemos estas ideas. Y podemos ver que algunas personas se resisten a hablar con las otras acerca del ROWE. ¿Por dónde empezar? ¿Cómo manejar todos esos «Sí, pero...»? ¿Me concentro en los resultados humanos o en los resultados empresariales? ¿Cómo explico el Lodo, o nuestros conceptos del tiempo, las creencias y los juicios?

En primer lugar, diremos unas palabras sobre la integridad. En nuestra opinión, el ROWE es un movimiento que vive o muere en las personas que son capaces de enseñar, inspirar y liderar. La gente que no está dispuesta a engañar, abusar o intimidar. Éste es el viejo modelo piramidal que la dirección ha usado para atemorizarlo u obligarlo a pensar que un inútil seminario de administración del tiempo va a cambiar realmente su vida. No se puede obligar a las personas a entrar en un ROWE; hay que inspirarlas para que crean en este cambio. Por lo tanto, no les pedimos que introduzcan el ROWE en el mundo. Buscamos creyentes que estén dispuestos a convencer a otras personas para que crean en el ROWE.

En segundo lugar, todas esas objeciones «Sí, pero...» tienen el mismo origen: la creencia. La gente hace objeciones a la logística de un ROWE porque, aunque piensan que el trabajo agobia, creen que sólo se puede trabajar con agobio. La mayoría de la gente no ha pensado detenidamente por qué y cómo debería funcionar el entorno de trabajo. Todos heredamos esas actitudes, y esas objeciones son simplemente la voz de alguien irritado por el reto a sus creencias.

Finalmente, lo invitamos a divertirse cuando converse sobre el ROWE. Una vez leímos un artículo sobre cómo la mayoría de los chistes en *Los Simpson* son sobre religión, y podemos ver por qué: las creencias de la gente son graciosas. No estamos sugiriendo que usted sea una persona ridícula o cómica (al menos, no demasiado), sino que esos recordatorios diarios sobre los aspectos absurdos del trabajo están todos a nuestro alrededor. Una de nuestras anécdotas favoritas es lo que sucede después de un corto vuelo: tan pronto como el avión aterriza, las personas cogen sus móviles y llaman a la oficina para decirle a alguien que han aterrizado. Después de pasar por el elaborado ritual de verificar que nadie los necesita (aun cuando si alguien los necesitara probablemente habría dejado un mensaje de voz), dan la información minuto a minuto de cómo van a recoger el equipaje, alquilar un coche, ir al hotel, etc. Imaginamos a la pobre persona en el otro extremo de la línea que, hundida en su silla, tiene que escuchar *no sólo lo que no le importa, sino dónde está el interlocutor en cada momento*. El único propósito del viajero es que los demás crean que está disponible. En otras palabras, una comedia.

Sin embargo, hay algunas tácticas útiles que resultan eficaces para presentar un ROWE a alguien que nunca ha oído la idea. Y así, con la esperanza de que usted siga y multiplique la idea, he aquí la

Guía del Cóctel-Barbacoa-Parada del Bus-Reunión de familia para conversar sobre un ROWE

1. Converse sobre cómo agobia el trabajo

Cada vez que hablamos sobre el ROWE, dejamos ideas como la de los 13 Indicadores para más tarde en la presentación. Si las personas no están preparadas para ideas como que las reuniones deberían ser opcionales, o que puede ir a ver una película un jueves por la tarde, pueden sentirse perdidas. Por eso, empezamos a hablar sobre cómo agobia el trabajo.

Su meta aquí es escuchar y orientar, no dar una clase. El truco es dejar que las personas con quienes está hablando descubran algo que realmente les disgusta de su trabajo. Podría ser la política de la compañía. Quizá sea el hecho de que provocan comentarios malintencionados por llegar tarde, porque tienen un largo trayecto hasta el trabajo y es difícil llegar «a tiempo». Pero también podría ser algo diferente en el trabajo que las enfurece y que se conecta con un nivel muy emocional o visceral. Si logra que trasciendan esas quejas en las que todos incurrimos, está mucho más cerca del objetivo. Si alguien está furioso con el trabajo, entonces podría estar preparado para una nueva perspectiva.

2. Proponga una alternativa

Cuando hacemos nuestras presentaciones, le pedimos a la gente que imagine su situación ideal de trabajo. ¿Cómo sería su jornada si no tuviera que cumplir un horario? ¿Cómo sería su trabajo si no tuviera que afrontar el hecho de llegar tarde? ¿Qué pasaría si le pagaran por una cantidad de trabajo y no por un espacio de tiempo?

Una vez más, su tarea aquí no es dar una clase, sino permitir que la persona descubra lo que intuitivamente ya sabe: medir el trabajo de acuerdo con el tiempo y la presencia física es una estupidez.

¿No es ridículo que paguemos al personal por invertir muchas horas, cuando no sabemos con certeza si esas horas están produciendo algo?

¿No es ridículo que vayamos deprisa al trabajo cada día y luego pasemos la primera hora en nuestro escritorio leyendo el periódico y tomando un café?

¿No es ridículo que acabe su trabajo del día a las cuatro y no pueda marcharse? ¿Por qué tiene que quedarse una hora más y fingir que está ocupado?

3. Introduzca el ROWE

En este momento, necesita explicar que, en el Trabajo Orientado Exclusivammente por Resultados, el tiempo ya no es un factor para juzgar el desempeño. Las personas cobran por una cantidad de trabajo, no por un espacio de tiempo. Además, concéntrese en los resultados. Los empleados tienen que hacer su trabajo para conservar el puesto. El ROWE es como una facultad. Si estudia y se esfuerza, obtiene buenas calificaciones. Si se va de juerga y holgazanea, no lo conseguirá.

Cada vez que vamos demasiado lejos en nuestras reuniones con el personal, siempre tenemos que volver a esta simple idea. Actualmente, estamos remunerando a los empleados por una mezcla de tiempo más resultados. Pero en una economía global en constante actividad esto no tiene sentido. Remunere al personal por su trabajo, no por su tiempo.

4. Esté atento a la reacción

Cuando nos presentamos ante una audiencia y hablamos del ROWE, hay un efecto polarizador inmediato. La idea de que en el Trabajo Orientado Exclusivamente por Resultados la gente puede hacer lo que desea, cuando lo desea, siempre que el trabajo se lleve a cabo, crea una serie de reacciones, tanto positivas como negativas. Incluso la idea del ROWE, presentada en abstracto, es como un test de personalidad. La reac-

187

ción visceral es favorable o adversa, y parte de su tarea es observar quiénes son favorables y quiénes muestran resistencia. Observe esa diferencia y luego siga con el paso 5.

5. Ocúpese de las personas que comprenden el ROWE y no se preocupe demasiado por las que no lo entienden

Un gerente estaba tan en desacuerdo con el ROWE que creía que su filosofía «destruiría a la compañía» y «haría imposible para nosotros llegar a ser una empresa global». En casos como éste, cuando está hablando a un grupo, puede permanecer en silencio y dejar que los otros hagan oír sus opiniones. Por lo general, las otras personas ven que el ROWE consigue realmente lo opuesto. Si está hablando con una persona, sonría y calle. Luego cambie de interlocutor.

Incluso con el oyente comprensivo, uno puede reconocer que el ROWE parece algo insólito, pero enseguida destaque dos cosas. En primer lugar, que el ROWE ya está operando. Ésta no es una teoría ni un deseo. Las oficinas centrales de una compañía de la lista Fortune 100 han adoptado esta idea y no sólo están obteniendo buenos resultados financieros, sino que el personal es feliz.

En segundo lugar, siempre puede recordar a sus interlocutores por qué es necesario el Trabajo Orientado Exclusivamente por Resultados. Tenga en cuenta que todas esas objeciones iniciales acerca de un ROWE se basan en las creencias de la gente sobre cómo se lleva a cabo el trabajo y qué imagen debe dar a los demás. Estas objeciones están asociadas con el reloj y con nuestras ideas sobre el tiempo. Pero todo el mundo sabe que el trabajo agobia, y si ha seguido correctamente los primeros pasos, entonces todos pueden admitirlo.

6. Aliéntelos a aprender más y apoye sus esfuerzos de comprensión

Los empleados han sido engañados tantas veces por el falso cambio que quizá necesiten alguna prueba de que esto es real. Puede reconocer que todos han visto ir y venir muchos programas de formación y entrenamiento. Quizás ellos quieran saber en qué se diferencia un ROWE. Ésta es una buena pregunta y no debe eludirla. Porque este cambio real exige un esfuerzo. La gente tiene que crear y adaptar el ROWE a su propio entorno.

Esto suena como un cliché o un consejo terapéutico, pero las personas realmente necesitan liberarse. Con cualquier lenguaje que utilice basado en el cambio, la liberación o el consenso, o como quiera llamarlo, esto es lo que el personal tiene que hacer: liberarse de la vieja modalidad de trabajo y comprometerse con el nuevo estilo. Esto requiere un esfuerzo, pero vale la pena.

Quizás encuentre aliados improbables en sitios improbables. Puede suponer que alguien que rechaza su propuesta no está de su lado. Cuando los investigadores de la Universidad de Minnesota dieron sus resultados a un grupo de empleados en Best Buy, hubo una persona que hizo preguntas realmente difíciles. Si no le conocía y no entendía su personalidad, podría haber pensado que aborrecía el ROWE y que se había presentado en esa reunión para destruirnos. En realidad, es uno de los principales defensores del ROWE. Nos hizo esas preguntas difíciles —de hecho, nos sometió a un interrogatorio— porque quería tener éxito en el nuevo entorno. Sabía que no era necesario hacer un gran esfuerzo para convencer a algunas personas, pero otras necesitaban una prueba contundente de que el ROWE es efectivo. Por eso fue tan crítico. Sabía que no sería tan fácil luchar y, por eso, se armó de los instrumentos necesarios para conseguir que el ROWE fuera entendido en este grupo.

Una reflexión final sobre la conversación con el personal: conserve la calma. No vamos a ganar esto con una discusión acalorada. Por lo tanto, busque algo en el ROWE que considere indiscutiblemente verdadero. Para algunas personas, esto significa que usted siempre alude a los resultados. Para otras, es la idea de que todo el mundo tiene derecho a ser tratado como adulto. Y para otras, es el hecho de que el personal tiene derecho a controlar su tiempo. Cualquiera que sea su elección, recuerde ese hecho verdadero y úselo como un fundamento. Cada vez que alguien intente cuestionar sus consideraciones, usted siempre tendrá esa creencia fundamental que le permitirá seguir avanzando.

Y en todas las discusiones, recuerde los resultados finales. Recuerde a sus oyentes que en un ROWE el personal es premiado con el control sobre su tiempo. Pídales que imaginen cuánto poder tiene un incentivo. La confianza que se deposita en ellos para que hagan su tarea. ¿El hecho de ser tratados como adultos no vale la pena? Si pudiera tener ese tipo de control y libertad, ¿no haría todo el esfuerzo posible para producir resultados? Esto es lo que ocurre. Una vez que las personas tienen una idea de lo que ofrece un ROWE, no quieren trabajar de otro modo.

Nosotras consideramos el ROWE como un movimiento del personal. Así fue como empezó, no como un edicto impuesto desde arriba. No como un nuevo instrumento de la dirección. Pero el ROWE no podría haber prosperado sin el apoyo de algunos líderes audaces en la cúspide de la organización. Además, en contra de la opinión creada por la cultura empresarial, los gerentes y directores también son personas. Ellos merecen los beneficios del ROWE tanto como los empleados subalternos.

Como ilustra la historia de Beth, para los gerentes y directores, la transición a un ROWE es tan transformadora como para el personal subalterno. Pero dado que los jefes tienen poder, su experiencia es un poco diferente.

Al principio, la mayoría de los gerentes reconocen que han sido ineficientes en el trato con el personal. Aun cuando hayan sido «buenos jefes», todavía son culpables del Lodo. Algunos gerentes nos han confesado que no entendían qué tipo de sufrimiento y angustia estaban causando a su personal, incluso con lo que ellos consideraban comentarios inocentes. Ignoraban que una pequeña estocada como «Muy amable de tu parte reunirte con nosotros» podía afectar no sólo a la salud y el bienestar de una persona, sino también a su lealtad, compromiso y productividad. Por eso, el primer sentimiento que experimentan los gerentes es algo parecido a la aflicción. Ellos creen que cumplen con su deber, que ayudan al personal. Pero reconocen que han estado actuando como padres. Y se sienten muy mal.

Cuando los gerentes migran a un ROWE, la siguiente etapa generalmente incluye un cierto grado de temor. Se sienten atemorizados cuando comprenden que han sido excesivamente claros con los empleados acerca de lo que se espera de ellos. Ahora que están en un ROWE, su única misión es concentrarse en los resultados. Antes se sentían protegidos por el cargo y el poder, pero ahora cualquier fallo en su estilo de gestión queda en evidencia. Por consiguiente, ya no pueden esconderse y suponer qué están haciendo sus empleados y cómo se relaciona eso con las metas más importantes de la organización.

Sin embargo, una vez que empiezan a imaginar cómo pasar de padre a mentor, de jefe a líder, desarrollan una relación más rica con su personal. Tienen una relación más humana con sus empleados, y su relación de trabajo también es más sólida. Esta concentración en los resultados puede hacer maravillas en la comunicación, la planificación y la ejecución.

Hemos visto a personas con una formación militar que experimentaron un gran cambio en su modo de pensar. Personas que fueron literalmente formadas en un modelo de mando y control comprenden que eso no es beneficioso para los empleados, ni para la empresa, ni para ellas. También hemos visto a jefes adictos a la dirección por contacto (management-by-walking-around) que dejan de hacer sus rondas y confían en que sus empleados llevarán a cabo sus tareas. Las personas solían sentirse molestas con este tipo de jefes porque pensaban que esto significaba una interrupción innecesaria. Ahora esos jefes son apreciados.

Sabemos, por experiencia, que muchos gerentes están practicando una forma modificada, y bajo control, del ROWE. Ahora desafiamos a esos líderes a que den un paso adelante. Quizás usted ya haya hecho el cambio mientras lee este libro. Quizá piensa que ha ejercido un control anormal y desea cambiar. Si usted es un gerente y esto le parece conveniente, entonces hay muchos consejos que podemos darle para que pueda empezar a explorar un ROWE con su equipo.

Cómo concentrarse en los resultados con su equipo

No dependa más de recursos humanos para que las «personas» sean parte de su tarea, establezca claramente las metas de rendimiento,

comuníquelas a menudo y haga responsable al personal

Pierde credibilidad cuando compromete a recursos humanos para tener conversaciones difíciles. Cuando sus empleados tengan un bajo rendimiento, *converse* con ellos. Averigüe por qué y, en lugar de concentrarse en el esfuerzo que están haciendo o en la cantidad de horas que invierten, concéntrese en el trabajo en sí mismo. ¿Qué deben hacer para tener éxito?

¿Pausas? ¿Hora del almuerzo? ¿Política de asistencia? ¿Tiempo libre pagado? ¿Tiempo personal? ¿Política de retrasos? ¡Considere las políticas y normas, y descarte las que son absurdas!

Muchas políticas han sido escritas hace décadas y no han cambiado. Además, las compañías se copian mutuamente las políticas, porque así es como funciona el sistema. Muchas no son políticas reguladas por el gobierno, son reglamentos internos que convierten a los adultos en niños. Necesitamos ser realistas acerca del manual del empleado. La cultura es lo que mueve a la empresa, no los reglamentos en un manual que nadie lee, excepto el personal de recursos humanos.

Remunere a los empleados de acuerdo con los resultados, no por el «tiempo» que pasan en la oficina

En lugar de decir «Este mes James ha hecho muchas horas extras. ¡Eso es magnífico!», mencione cuál ha sido la verdadera contribución de James. ¿Qué ha hecho por la compañía? No haga ninguna referencia al tiempo. De lo contrario, su equipo competirá «por el tiempo» con todos los demás para atraer su atención.

No establezca cómo debe ser el equilibrio trabajo-vida personal para sus empleados

«Tienes un niño, entonces deberías asegurarte de que se encuentre en la guardería cuando trabajas en casa, de lo contrario no podrás hacer nada.»

«Oh, son las seis y media, ahora deberías irte a casa y pasar un rato con tu familia.»

Esto no le corresponde a usted, les corresponde a ellos.

No elija a dedo quién es flexible y quién no lo es

¿Le parece bien?

No piense que es un buen jefe si durante una tormenta de nieve le «permite» a su personal «retirarse temprano»

Enviar un correo electrónico al personal en el que les «concede» un tiempo libre por un proyecto bien hecho, o por una tormenta de nieve, o por cualquier otra cosa es otra manera de tratar como a niños a sus empleados. Esto reafirma el hecho de que usted tiene el control sobre su tiempo y ellos no. Deje que sus empleados tomen esta decisión por ellos mismos.

Deje de ejercer la dirección por contacto

Cada vez que «inspecciona» a alguien, esa persona tiene que interrumpir lo que está haciendo, desviar su atención del trabajo para darle una explicación espontánea de su tarea y luego, cuando usted se va, retomar el trabajo. Envíele un correo electrónico o, mejor aún, planifique.

Confíe en su personal como confía en sí mismo

Deje de dictar reglas para las pocas personas que teme que no estarán a la altura de sus expectativas. Tampoco imponga reglas que le protegen de la incompetencia de algunos, pero dificultan el desempeño de muchos. Su meta es hacer que el trabajo sea lo más diferente posible de la escuela primaria.

Opiniones de un ROWE: Charlotte

Charlotte es una colaboradora individual en la división punto-com. Tiene treinta y pico años y ha estado en un ROWE durante tres.

Mi hijo dice: «El ROWE consiste en andar en bicicleta, recibir mimos, jugar y divertirse». Esto significa el mundo para mí, porque mi relación con mi hijo ha cambiado mucho desde que estoy en un ROWE.

Antes del ROWE, me levantaba, vestía a mi hijo, lo dejaba en la escuela y no llegaba al trabajo hasta las nueve. Cada vez que me encargaban una nueva tarea, siempre debía tener una conversación con mis gerentes para hacerles saber que no podría llegar a la oficina hasta las nueve, porque tenía que dejar a mi hijo en la escuela. Estas conversaciones me parecían terribles: siempre sentía que estaba haciendo el papel del soldado que pide permiso. «Capitán, ¿puedo...?» Inevitablemente, había reuniones que empezaban a las ocho o a las ocho y media e intentaba encontrar a alguien para que se hiciera cargo de mi hijo, pero a veces me era imposible. Luego, por supuesto, sentía que no estaba actuando como un miembro del equipo.

No encontraba ninguna manera de hacer mi trabajo fuera del horario de nueve a cinco, de modo que debía hacer absolutamente todo dentro de esas horas en la oficina. Generalmente, comía en mi escritorio. No hacía muchas pausas. Sólo cumplía laboriosamente con mi trabajo día tras día.

Cuando todavía vivía en el «viejo mundo», pensaba que no estaba progresando en mi carrera porque mis compañeros podían trabajar más horas. Intentaba ser tan franca como podía, pero no soy muy diestra para cantar mis propias alabanzas, ni para «trepar», como dice la gente. Cuando uno no es hábil en eso, necesita mucha energía para promocionarse, y eso puede causarle un gran estrés.

Cuando migré a un entorno de Trabajo Orientado Exclusivamente por Resultados, necesitaba que la gente supiera que estaba llevando a cabo mi trabajo. Enviaba correos electrónicos a las seis y media de la tarde o los viernes por la noche para hacer saber a los otros que estaba trabajando. Quería asegurarme de hacer este tipo de cosas, especialmente en los días que me marchaba temprano. Luego me liberé de todo eso y empecé a concentrarme en mi trabajo, en el gran trabajo que estaba haciendo para la compañía. Ahora mi nivel de estrés es muy diferente. Pongo más énfasis en los resultados que necesito lograr.

Hoy *no* puedo no estar involucrada en la vida de mi hijo o su escuela, cuando antes, simplemente, no había otra opción para mí. Tenía que usar todo mi periodo de vacaciones y mi tiempo personal para ayudar a mi hijo con sus actividades escolares. Ahora lo hace todo sin mi ayuda y no me siento culpable. Además, he podido conocer a sus maestros.

Preparo a mi hijo para sus partidos de fútbol sin apresuramientos. Podemos sentarnos y comer algo antes, en lugar de salir deprisa para los partidos con el estómago vacío. Durante el verano, puedo estar con mi hijo, en lugar de enviarlo a una escuela de verano los cinco días de la semana. Este viernes iremos a la Feria Estatal de Minnesota. Él juega fuera con sus amigos mientras yo trabajo en mi ordenador portátil. Siento que ahora le estoy proporcionando una mejor infancia.

La diversión y las actividades espontáneas no siempre deberían ocurrir el fin de semana. Y quiero que mi hijo también lo sepa. Hace algunas semanas, después de asistir a un par de reuniones, lo recogí de la casa de su abuela al mediodía, totalmente preparado para tomar un helado y regresar a nuestro hogar, donde esa tarde trabajaría durante un par de horas. Pero él tuvo otra idea. Me convenció de que alquiláramos un kayak y pasáramos la tarde en el lago. Más tarde, esa noche, me puse a trabajar. Entonces, ¿qué va a recordar? ¿Y qué valores quiero que aprenda?

Uno de los momentos más felices para mí desde que migré a un ROWE fue cuando mi hijo me dijo que quería ser como su mamá cuando creciera. Él observa cómo he sido capaz de ser parte de su vida y sabe que ésa también es una posibilidad para él cuando crezca. Creo que es muy emocionante que me vea como un modelo inspirador. Sus amigos me ven entrar en la escuela con él durante sus actividades, saben que trabajo para Best Buy y piensan que esta compañía es la mejor.

Epílogo

Usted tiene el derecho de controlar su tiempo.

Tiene el derecho de comer cuando tiene hambre y de dormir cuando está cansado.

Esto es así de simple. Su compañía le proporciona una paga y posiblemente otros beneficios. Le está dando un empleo y, en algunos casos, una carrera. A cambio de eso, les ofrece su esfuerzo, concentración y dedicación. Y, lo más importante, les ofrece resultados reales mensurables. Y si está produciendo esos resultados y su compañía se beneficia, entonces no hay ningún motivo para que le obliguen a estar sentado en un cubículo de ocho a cinco. Usted contribuye con su trabajo; no les proporciona su tiempo. No les entrega su vida.

Para nosotras, esta línea de pensamiento es irrefutable. Hemos oído todas las objeciones imaginables a la *logística* de crear un entorno de Trabajo Orientado Exclusivamente por Resultados, pero todavía no hemos oído a una sola persona que se plante y nos diga que los adultos no merecen ser tratados como tales.

Sin embargo, el cambio social ocurre lentamente y no sin resistencia. Incluso las buenas ideas deben ser discutidas antes de ser implementadas. Esto no es como si alguien dijera «Eh, quizá los niños de siete años no deberían trabajar en las minas de carbón», y toda la nación inclinara la cabeza en señal de aprobación, y al día siguiente tuviéramos las leyes de trabajo infantil. La historia está llena de personas que han consagrado sus vidas a argumentar la posición errónea en un debate.

La historia también nos enseña que el trabajo puede cambiar. Si usted viajara en el tiempo y le dijera a alguien a comienzos del siglo pasado que las mujeres entrarían masivamente en el mundo laboral, que habría leyes federales sobre seguridad y salud, que la tecnología permitiría a la gente dirigir empresas durante las 24 horas del día, esa persona pensaría que está loco. Si un viajero del tiempo del próximo siglo nos hubiera dicho eso, no le habríamos creído, pero el Trabajo Orientado Exclusivamente por Resultados no nos sorprende en lo más mínimo. La próxima generación de empleados habrá crecido con demasiado control de su tiempo para cederlo por amor a un empleo.

Al mismo tiempo, tenemos que afrontar una lucha y estamos pidiendo la ayuda de todos. El cambio de un entorno de trabajo tradicional a un ROWE vendrá de los niveles medios e inferiores. En consecuencia, no será fácil ni rápido. Tenemos que agradecer a esos espíritus intrépidos en el equipo de dirección que impulsaron el ROWE desde arriba. Además, hemos reconocido desde el comienzo de este proceso que las personas generalmente identificadas como líderes —las que tienen más peso en la empresa y títulos impresionantes— no estaban tan dispuestas a librar esta batalla. La gente debe exigir mejores condiciones de trabajo y de vida, y nadie nos va a dar esto sin un esfuerzo.

Todos tienen que cumplir un papel. Mientras trabajábamos con los equipos de Best Buy para que desarrollaran sus tareas según el Trabajo Orientado Exclusivamente por Resultados, descubrimos que la pasión de la gente por el nuevo estilo de vida generaba cientos de predicadores que continúan promoviendo el cambio. Pero no todos predican del mismo modo. Algunos claman por el cambio desde los tejados. Otros lideran silenciosamente a través del ejemplo. Y algunos los siguen con convicción.

Sin entrar a considerar cómo decida participar, éste no va a ser un camino fácil de transitar. Vamos a necesitar la ayuda y el apoyo de las personas que nos rodean, porque encontraremos resistencia a lo largo del camino. No hay un límite para las batallas que necesitamos librar y los obstáculos que debemos superar. Habrá momentos en que pensará: «Sería mucho más fácil olvidarnos de esto y no luchar más».

Cuando surjan esos momentos, piense que no está solo. Somos muchos en el mundo los que estamos trabajando para convertir el ROWE en una realidad. Hablamos para todas las audiencias que están dispuestas a escucharnos y nos reunimos con líderes empresariales y funcionarios gubernamentales. Hacemos todo esto porque:

Hay una mejor manera de trabajar.
Un ROWE puede tener un impacto positivo en la calidad de vida (y producir resultados empresariales) de *todos*.
Las personas tienen el derecho de controlar su tiempo.

Esperamos que apoye esta causa, que esté dispuesto a luchar por el control de su tiempo. Aun cuando sea abucheado, en lugar de ser aplaudido, ayude a convertir este nuevo estilo de vida y trabajo en una realidad. Y si no puede participar en la lucha por un mundo orientado exclusivamente por los resultados, al menos apoye la idea. Apóyela porque hay gente a su alrededor que está haciendo todo lo posible para producir este cambio. Así, cuando llegue el momento, estará preparado para unirse a nosotros.

Apéndice I

¿Cómo es su entorno de trabajo?

1. Si los empleados en mi organización piensan que una reunión particular es una pérdida de tiempo, ellos:

   A. responden a los correos electrónicos en su ordenador portátil e ignoran todo lo demás.

   B. abordan al organizador de la reunión después del evento y le preguntan qué están tratando de conseguir.

   C. interrumpen la reunión y le preguntan al facilitador qué esperan lograr.

2. Cuando un proceso operativo en mi compañía se mejora y se eliminan los defectos del sistema, el tiempo ahorrado se reemplaza por:

   A. los empleados sentados en sus cubículos hasta las cinco, porque es entonces cuando termina la jornada.

   B. la dirección da inmediatamente más trabajo a los empleados.

   C. cualquier actividad que los empleados consideren valiosa, quizás el tiempo personal, los proyectos de desarrollo, la asistencia a los compañeros de equipo, etc.

3. Si alguien en mi compañía pretende trabajar desde casa un martes:
   A. tiene que pedir permiso a su jefe, e informar a los miembros de su equipo y a los clientes.
   B. debe informar a su equipo y a sus clientes.
   C. no tiene que pedir permiso ni informar a nadie.

4. Cuando se organiza una reunión en mi compañía, se espera que:
   A. esté físicamente presente en el salón de reuniones del edificio de oficinas.
   B. si tiene una excusa aceptable, se le permitirá participar en la reunión por vía telefónica.
   C. presente lo que tenga que presentar, sin considerar dónde se encuentre.

5. En mi compañía, cuando uno está enfermo y hace su trabajo desde casa:
   A. solicita una baja por enfermedad de 8 horas o un tiempo libre remunerado (PTO).
   B. solicita una baja de media jornada o un PTO.
   C. no solicita ninguna baja ni ningún PTO.

6. El periodo de vacaciones en mi organización se concede:
   A. por los años de servicio.
   B. por los años de servicio; y podemos dar días a los empleados que tienen una necesidad atípica de tiempo libre.
   C. nuestros días de vacaciones o PTO son ilimitados.

7. Si alguien en mi compañía necesita asistir a un funeral, debe:
    A. solicitar un tiempo personal o PTO.
    B. usar los días destinados a la asistencia a funerales.
    C. simplemente asistir y no pedir ningún día.

8. Si a los empleados de mi compañía les preguntaran «cómo es» el trabajo, dirían:
    A. una persona sentada en un cubículo, que escribe en un ordenador.
    B. una persona que conduce una reunión en una sala de conferencias.
    C. el trabajo no tiene una «apariencia» particular. Puede suceder en cualquier momento, de modo que resulta difícil decir cómo es.

9. Cuando mis compañeros dicen «Me voy al trabajo», sus amigos y familia piensan:
    A. «debe estar dirigiéndose a las oficinas centrales de la compañía».
    B. «estará trabajando en su casa o en las oficinas centrales de la compañía».
    C. «no tengo ni idea de dónde puede estar».

10. Donde trabajo, se espera que los empleados entren en la oficina para empezar la jornada:
    A. no más tarde de las 7:30 horas.
    B. entre las 8:00 y las 9:00 horas.
    C. cuando lo deseen; ni siquiera es necesario que vengan a la oficina para trabajar.

11. En nuestra compañía, marcharse del trabajo a las tres de la tarde es aceptable si uno:

    A. entró en la oficina a las seis de la mañana y solamente hizo una pausa de treinta minutos para el almuerzo.

    B. entró en su horario regular, pero esa tarde tiene una cita con el médico.

    C. está produciendo resultados que responden a las expectativas.

12. En mi compañía, el reconocimiento se otorga más a menudo por:

    A. trabajar muchas horas.

    B. hacerse cargo de proyectos difíciles, con independencia de que se lleven a cabo o no.

    C. producir resultados.

13. En mi compañía, un empleado asalariado trabaja como término medio:

    A. un mínimo de entre cuarenta y cincuenta horas por semana.

    B. aproximadamente cuarenta horas por semana, pero eso fluctúa de acuerdo con los ritmos de la empresa.

    C. no está definido; no registramos las horas de nuestros empleados asalariados.

14. En mi compañía, cuando recibimos la convocatoria a una reunión:
    A. la aceptamos de inmediato; todas las reuniones son importantes.
    B. consideramos la convocatoria y la aceptamos o la rechazamos; la decisión depende generalmente de quién envía la convocatoria.
    C. consideramos la convocatoria y la aceptamos o la rechazamos; de acuerdo con la meta y si la reunión es la mejor manera de alcanzarla.

15. En mi organización, las conferencias telefónicas son:
    A. muy raras; casi siempre nos reunimos personalmente.
    B. bastante comunes, pero sólo para hacer negocios con personas que están fuera de la ciudad.
    C. ampliamente aceptables; todas las convocatorias a reuniones incluyen la posibilidad de las conferencias telefónicas.

16. En mi organización:
    A. nos ocupamos de las diligencias personales fuera del horario de trabajo.
    B. solicitamos un «tiempo personal» para hacer diligencias.
    C. podemos hacer todo lo que se nos ocurra sin pedir permiso.

17. En nuestra compañía, las únicas razones aceptables para ausentarse del trabajo son:
    A. una cita con el médico o el dentista, o problemas con la guardería.
    B. casi todas las razones son aceptables, siempre que uno las explique a su gerente y equipo.
    C. Nuestros empleados son libres de ir y venir cuando lo desean, sin dar ninguna explicación.

18. En nuestra compañía, definir un día de la semana como un «Día sin reuniones» sería considerado como:
    A. una excelente manera de llevar a cabo el trabajo sin distracciones.
    B. una buena idea, pero todos saben que no surtiría efecto.
    C. algo innecesario porque todos tienen el control de cuándo y cómo trabajar.

19. En mi compañía, el horario de trabajo establecido es:
    A. de lunes a viernes, de ocho a cinco de la tarde.
    B. de lunes a viernes, de diez a dos de la tarde.
    C. no tenemos un horario establecido.

20. Cuando alguien en nuestra compañía programa una cita con el médico, es probable que:
    A. programe la cita fuera del horario central de trabajo establecido.
    B. notifique a su gerente, compañeros de equipo y empleados cuándo no estará disponible.
    C. simplemente programa la cita para cuando más le conviene y va.

21. Si surge una emergencia y se deriva al escritorio de un empleado:

    A. éste reacciona de inmediato y se queda tanto tiempo como sea necesario para resolver el problema.

    B. éste responde a la emergencia y usa los recursos apropiados para tomar una decisión acertada.

    C. el equipo y el empleado responden a la emergencia, pero informan al peticionario de los riesgos asociados con la adopción de decisiones precipitadas, y se concentran en lo que pueden hacer para impedir que se repita esta emergencia.

22. Si ocurre una emergencia *aparente* y se deriva al escritorio de un empleado:

    A. éste reacciona de inmediato y se quedan tanto tiempo como sea necesario para resolver el problema, aun cuando piense que la necesidad no es urgente.

    B. éste responde a la emergencia, pero informa al peticionario de los riesgos asociados con la adopción de decisiones precipitadas.

    C. éste hace preguntas para determinar la verdadera prioridad del trabajo.

23. Si un empleado en mi organización llega a la oficina al mediodía:

    A. un compañero o el gerente le preguntarán: «¿Dónde has estado? ¿Tenías cita con el médico?»

    B. recibirá algunas miradas inquisidoras.

    C. Los compañeros dirán: «¡Hola!»

24. Si un empleado en mi compañía envía un correo electrónico a las dos de la mañana:

   A. su gerente le preguntará por qué ha estado trabajando tan tarde.

   B. su gerente se preguntará por qué sus empleados trabajan hasta tan tarde, pero no le dirá nada.

   C. su gerente no tendrá en cuenta a qué hora se ha enviado el correo electrónico; solamente prestará atención al contenido y la eficacia.

Clave de las respuestas

Si sus respuestas son mayoritariamentea A: No es el único. Se encuentra en un entorno de trabajo tradicional. Los empleados a menudo se quejan de la falta de equilibrio entre el trabajo y la vida personal. El trabajo se lleva a cabo, pero no siempre del modo más eficiente. Por lo general, los empleados más eficientes suelen irse de la organización en busca de un equilibrio más saludable entre trabajo y vida personal. El ROWE puede infundir una gran energía y concentración en su organización, mejorar los resultados empresariales y eliminar el Lodo. El lenguaje más comúnmente usado en un entorno de trabajo tradicional se basa en el tiempo. Pero si usamos un lenguaje basado en los resultados, nuestra organización podrá aprender a desarrollar sus tareas según el Trabajo Orientado Exclusivamente por Resultados.

Si sus respuestas son mayoritariamente B, está en un entorno de trabajo con cierta flexibilidad. Quizá tenga programas disponibles (de trabajo compartido, horario flexible, teletrabajo o trabajo a distancia, etc.) que contribuyen a dar un nivel de flexibilidad, pero el personal todavía se queja de la falta de control. En este caso, el ROWE conducirá a su organización hacia un nivel más alto de productividad y mejorará la experiencia del empleado. El ROWE se centra únicamente en los resultados y crea descripciones del trabajo basadas en resultados, metas y mejoramiento del desempeño, que dan la oportunidad al personal de ser productivo, apasionado, proactivo y comprometido.

Si sus respuestas son mayoritariamente C, ¡felicitaciones! Trabaja en un entorno innovador, dedicado a trabajar productivamente y a disfrutar de la vida fuera del trabajo. ¡Siga concentrado en los resultados y haga correr la voz!

APÉNDICE II

Sí, pero...

«El personal puede aprovecharse de la situación y holgazanear.»

Si los empleados se aprovechan de la situación y holgazanean, la razón que no puede dar es que los está evaluando con una combinación de resultados y tiempo. En un ROWE, si uno no produce resultados, no puede conservar su empleo. Los holgazanes se corrigen o son despedidos. Mientras tanto, los buenos empleados trabajan con más empeño porque son premiados con el control de su tiempo.

«¿Cómo puede dar con alguien si no está en la oficina?»

Ahora las personas son más accesibles que nunca en la historia de la humanidad. La gente tiene teléfonos móviles. Dispone de correo electrónico y no necesita una estación de trabajo. Las personas no requieren un teléfono con cable que se conecta a la pared para ser accesibles. En un ROWE, si uno necesita comunicarse con alguien le envía un correo elecrónico o le llama por el móvil. Pero he aquí otra reflexión: cuando uno tiene claridad acerca de los plazos, los resultados y las expectativas, muchas de esas dudas se disipan. Empieza a anticiparse a sus propias preguntas. Puede planear mejor, por eso tiene menos emergencias. No se detiene casualmente en la oficina de alguien e interrumpe su trabajo para hacerle una pregunta. Trabaja con más propósito.

«Pero ¿qué pasa si realmente *necesita dar con alguien?»*

¿Ha llamado a esa persona al móvil? ¿Le ha enviado un correo electrónico? ¿Ha tratado de comunicarse con otra persona del equipo? ¿Ésta es una pregunta que usted puede responderse con un poco más de esfuerzo? Estamos tan acostumbrados a completar el horario que no podemos pensar por nosotros mismos. Esto es como cuando alguien le pregunta sobre lo que dicen las noticias, cuando podría conectarse a Internet y obtener la respuesta por sí mismo. Sus compañeros de trabajo y sus colegas no están allí para ser su motor de búsqueda/fichero/diccionario. Si se tratara de una verdadera emergencia, entonces quizá necesitaría la ayuda de más de una persona. Y si hay sólo una persona que puede responder a alguna pregunta en esa compañía, entonces ése es un problema de la organización, no el inconveniente de la persona que no está disponible.

«Un gerente necesita estar allí, por el personal.»

Hay muchos gerentes que se preocupan verdaderamente por sus empleados. Pero también hay gerentes que se han forjado una imagen para mostrar que se preocupan por ellos. «Necesito estar allí por mis empleados», dicen. «Mi personal es importante para mí.» Sin embargo, hay algo más que la presencia física de alguien. Estar allí presente también significa dar metas y expectativas claras a sus empleados. Puede estar allí para supervisar su desarrollo y eliminar los obstáculos que se interponen en su camino. Quizá la mejor manera de cumplir con su deber sea dejarlos tranquilos y confiarles la realización de la tarea.

«¿Qué pasa si tengo más trabajo que todos los demás?»

En un entorno de trabajo tradicional, las personas pueden sentirse sin apoyo y desvalorizadas. Observa a su alrededor y ve a personas que no producen y cobran más. Es fácil sentirse como una víctima. Desde el punto de vista práctico, un ROWE le da el derecho de cuestionar el trabajo que está haciendo. Si su gerente establece expectativas poco realistas y asume demasiado trabajo, eso no beneficia a nadie. En un ROWE, su tarea es hacer la mejor contribución a la empresa y al cliente. Desde el punto de vista emocional, no se concentra en cómo las otras personas emplean su tiempo. Usted hace su tarea y disfruta de su libertad, y lo que hacen las otras personas es asunto de ellas.

«Nosotros ya lo estamos haciendo; eso no es nada nuevo aquí.»
Muéstrenos un entorno de trabajo donde no existan los juicios negativos (el Lodo) y nos tragaremos nuestro libro.

«Si todos son más eficientes, habrá despidos.»
Algunas personas pueden sentir que el ROWE representa un cambio enorme y se atemorizan. El personal en todos los niveles teme averiguar la verdad sobre su organización: que un equipo tiene más miembros de los necesarios; que hay gerentes que no tienen personal a su cargo. Pero ¿el temor a la verdad es una buena razón para resistirse a algo que de otro modo sería un cambio positivo? Si su organización es muy grande, tiene demasiados miembros en el nivel superior o su dotación es excesiva, con poco entrenamiento y mal aconsejada, entonces un ROWE podría revelar esas verdades. Pero casi todas las personas ya saben cuál es el problema que existe en su compañía; sólo que no hay ningún incentivo para el cambio. Quizás el crecimiento provoque algunos sufrimientos, pero, finalmente, ¿un entorno de trabajo sano no vale la pena?

«¿Cómo puede progresar en su carrera si nadie lo ve trabajar?»
Esto se parece al tipo de temor que impide a la gente participar en los actuales acuerdos de trabajo flexible. Los empleados temen que si no invierten suficiente tiempo de interacción no obtendrán ningún reconocimiento por su trabajo. En primer lugar, un ROWE no significa que nadie lo verá trabajar, o que todos trabajan en casa. No se preocupe, la gente lo verá hacer su trabajo. Pero, más importante, será evaluado por su desempeño real más que por el desempeño aparente. Si tiene una meta y responde a ella, entonces será eso lo que le hará progresar en su carrera, aunque nadie lo haya visto (con sus ojos). Progresa a través de los logros reales, no simplemente porque *parece* un empleado eficiente.

«¿No es poco profesional responder a la pregunta de un cliente que le llama por teléfono mientras va de compras?»
Ante todo, el cliente no tiene por qué saberlo. Ésta es una Anticipación del Lodo. ¿Teme que las personas vayan a juzgarlo porque alguien que sale de compras no puede, además, estar trabajando? Si responde a la pregunta de esa persona de un modo profesional, ¿por qué decirle dónde se encuentra? Francamente, al cliente no le importa. Él necesita su ayuda, no información sobre su vida personal.

«¿Qué pasa si alguien está fuera de la oficina durante todo un mes? ¿No es una simple regla de cortesía hacer saber a la gente dónde se encuentra?»
Algo muy curioso sucede cuando hablamos del ROWE. Cuando le decimos a la gente: «Puede hacer todo lo que quiera y cuando lo desee, siempre y cuando lleve a cabo su trabajo», es como si sus cerebros se embotaran con la primera parte de esta frase y ni siquiera oyen la segunda parte, «siempre y cuando

216

lleve a cabo su trabajo». Si se va a Hawái durante todo un mes y no es capaz de entregar sus resultados, será despedido. Si no hace su tarea, no conservará su empleo. Pero si necesita estar fuera del estado o fuera del país durante un mes y puede responder a sus obligaciones, entonces no tendrá ningún inconveniente. Tiene que decir a las personas dónde se encuentra, para que ellas puedan comunicarse con usted, por ejemplo, durante una reunión. No obstante, siempre y cuando el trabajo se lleve a cabo, no tiene que pedir permiso para ausentarse.

«Esto puede ser bueno para algunas personas, pero no para todas. Algunas, simplemente, necesitan más supervisión.»
Los empleados no requieren supervisión. En realidad, necesitan tener una idea clara de lo que deben hacer y de cuándo tienen que hacerlo. Si llama a un bar y pide que le manden un delicioso sándwich de pavo dentro de media hora, no necesita ir allí, observar cómo lo preparan y seguir al dependiente que le trae el sándwich. Confía en que van a responder a sus expectativas. Y si no le envían un delicioso sándwich de pavo en media hora, entonces tiene dos opciones: quejarse y esperar que mejore el servicio o cambiar de bar.

«¿Cómo sabremos que el trabajo se lleva a cabo si no podemos ver al personal?»
¿Cómo lo sabe ahora? En la economía actual, las personas trabajan con la información. Hablan por teléfono. Escriben en sus ordenadores. Si recorre una serie de oficinas, no sabe con certeza si los ocupantes están realmente trabajando o si sólo aparentan estar ocupados. En un ROWE, uno sabe que el trabajo se lleva a cabo porque ha establecido claramente las metas y expectativas. X se entrega a Y en tal o cual fecha. Si las personas no entregan el trabajo, usted se entera de inmediato y puede tomar las medidas que correspondan.

217

«Las relaciones son importantes. ¿Qué pasará con ellas?»
En efecto, las relaciones son importantes. Y serán excelentes. Suponemos que nuestras relaciones con las personas son óptimas porque estamos todos en el mismo edificio. Pero el hecho de estar juntas no garantiza que las personas se conecten. En un ROWE, el personal mantiene relaciones con un propósito más definido. Dado que no es posible tener a todos a nuestro alcance, hacemos del asesoramiento y el entrenamiento una parte de los resultados que necesitamos producir. Ya no se puede dar por sentada la presencia física del personal.

«¿Cómo se pueden programar reuniones si no sabe cuándo están trabajando las personas?»
En un ROWE, uno ya no puede programar informalmente una reunión. Para empezar, no programa reuniones basadas en el tiempo. Programa reuniones basadas en el resultado. Si los resultados requieren la presencia de alguien, entonces esa persona debe asistir. Si no es necesario que esté allí, puede enviar a un representante o suministrar la información pertinente con anticipación.

«¿Cómo sabremos si los empleados asalariados están trabajando 40 horas?»
No lo sabemos. Y eso no importa. En un ROWE, uno mide el desempeño de alguien de acuerdo con los resultados. Les dice a los empleados lo que se espera de ellos, y ellos lo hacen o no. El tiempo no es un factor. Lo que cuenta son los resultados, no el tiempo invertido.

«¿Qué pasa con los equipos?»
Por lo general, se sobreestima a los equipos. En un ROWE, las personas ya no forman equipos porque se sienten obliga-

218

das a unirse. Los equipos no se crean porque están de moda o por puro placer. La gente forma equipos porque el resultado lo requiere. En realidad, son mucho más sólidos en un ROWE porque hay una formación mutua natural. Dado que no podemos suponer que las personas van a estar en la oficina (incluso usted mismo), los compañeros de equipo procuran ayudarse mutuamente en una emergencia.

«¿Qué ocurre si alguien decide no trabajar al mismo tiempo que los demás?»

Eso depende. ¿Acaso la tarea requiere que las personas trabajen al mismo tiempo? Si el resultado no exige que todos trabajen simultáneamente, entonces la respuesta es «No hay inconveniente». Pero si la tarea requiere que ciertas personas se reúnan o coordinen sus esfuerzos al mismo tiempo, entonces eso es lo que deben hacer. El ROWE da a los empleados el poder para decidir cómo y cuándo trabajar, pero tienen que trabajar. Son responsables de servir al cliente, ya sea interno o externo. Este sentido de la responsabilidad —junto con el poder para responder a esas responsabilidades como ellos desean— produce un más alto rendimiento. En un ROWE, la gente ni siquiera piensa en liberarse del trabajo.

«Si no existe una línea divisoria entre el trabajo y la vida personal, ¿cómo me voy a librar de trabajar en exceso?»

En un ROWE, uno no trabaja más de la cuenta porque no hay ningún incentivo para el trabajo extra. No es premiado por trabajar más horas. Ya no hay ningún héroe que se quede hasta la última hora de la noche, ni que sea el primero en llegar por la mañana, o que trabaje durante los fines de semana. Sólo será premiado por los resultados que produzca. Una vez que consiga esos resultados, puede dejar de trabajar y hacer lo que le plazca.

Agradecimientos

Nuestro propósito con este libro es hacer saber que hay un mejor modo de trabajar, un mejor modo de vivir. La investigación para este libro se inició en 2001, cuando empezamos a preparar el camino para los trabajadores en todas partes. La primera chispa se encendió en las oficinas centrales de Best Buy con un puñado de empleados dinámicos y valerosos. Hizo falta coraje, perseverancia y una gran dosis de ánimo para oponerse al statu quo y desarrollar y afianzar un ROWE. Demostramos que el personal realmente *puede* ser responsable, y que la empresa y los empleados prosperan en este nuevo entorno. Comprobamos que las viejas reglas y políticas son absurdas. Demostramos que ya no tiene sentido crear programas tentadores y pasajeros para que el personal se sienta mejor durante un tiempo. Descubrimos que la única alternativa es cambiar las reglas del juego. Y que la nueva norma es un ROWE.

Así pues, nuestro agradecimiento a los pioneros de Best Buy que tuvieron éxito en la creación de la nueva norma —el programa de acción— para el ROWE. Sus historias son una inspiración para las otras personas que desean una mejor vida, y demuestran que el ROWE no es sólo una teoría, sino una realidad. Sus historias son una motivación para otros que desean cambiar el statu quo. Gracias por creer en nosotras, y por ser una luz de esperanza para todos los trabajadores.

Expresamos nuestra gratitud a John Larson y Natalie Burns

de Bright House, Inc., que infundieron energía y entusiasmo en nuestras vidas: ¡juntos, transformaremos el mundo! Les estamos tan agradecidas que los consideramos parte del proyecto.

También estamos en deuda con nuestro redactor, Dennis Cass. Él penetró en nuestras mentes, encontró nuestra voz y dio vida al ROWE en la página impresa. Por esta razón, le estaremos siempre agradecidas.

Agradecemos a Adrian Zackheim, Adrienne Schultz, Will Weisser y al equipo de Portfolio que nos hayan guiado y desafiado a lo largo del proceso. Ellos han hecho posible que pudiéramos contar nuestra historia al mundo.

No podemos dejar de mencionar al equipo de CultureRx, que nos ayudó a afrontar los contratiempos y a reemplazar el statu quo por el ROWE.

Agradecimiento especial de Jody Thompson

A mis padres, George y Beverly Hartzell, que me infundieron un espíritu de coraje y perseverancia. Ellos creían que todo lo que fuera necesario llevar a cabo se podía hacer y que si alguien era capaz de obtener éxitos, yo también podría.

A mi esposo, David Thompson que, a pesar de lágrimas, quejas y reproches, permaneció pacientemente a mi lado.

A mis hijos, Elliot y Colin Kohl. La vida no tiene que ser siempre trabajo sin diversión: haced lo que os apetezca; no claudiquéis nunca.

Agradecimiento especial de Cali Ressler

A mis padres, Heidi y José Gaibor, que me educaron para defender mis creencias y para que confiara en el éxito en todo lo que me propusiera. De ellos aprendí a abrigar grandes sueños y comprendí que, si algo no es correcto, sólo se requiere una voz para empezar a abrirse un nuevo camino.

A mi esposo y mejor amigo, Marty Ressler, que ha visto y escuchado todas las emociones que este movimiento me ha provocado, desde la exasperación hasta la más pura alegría. Su devoción por mí y por nuestra familia y el hecho de saber que él está siempre apoyándome significan mucho para mí.

A mis pequeños hijos, Trystan, Jackson y Keaton, que cada día me recuerdan que la felicidad viene de las cosas más simples. Ellos me han inspirado a continuar esta lucha, así que, cuando hayáis crecido, os tocará un nuevo mundo del trabajo.

A mi hermano, Jesse Gaibor, que ha sido mi amigo y mi respaldo en cada tarea que he emprendido. Agradezco tu consejo y aliento. Tengo la dicha de tenerte en mi vida.

A mi abuelo Bob Hoeppner, que me enseñó que si sigo intentándolo, *tendré* éxito. De él aprendí la lección «No te rindas» ¡y siempre la tengo presente!

Al resto de mi familia: mi abuela, tías, tíos, primos y cuñados. Gracias por vuestro apoyo y aliento durante toda mi vida. ¡Soy muy afortunada por tener una familia tan grande y afectuosa!

A mis amigos, por escucharme y, a veces, tolerar los altibajos de este movimiento caótico, estimulante y, ocasionalmente, frustrante. Espero tenerlos a mi lado durante muchos, muchos años más.